La collection
« Les aventuriers de l'invisible »

Qu'il s'agisse d'une expérience de mort imminente, d'un vécu subjectif avec un défunt ou de l'entrée en contact avec des esprits qui veillent sur elles, de plus en plus de personnes témoignent ouvertement de leur lien avec le monde invisible. La collection « Les aventuriers de l'invisible » propose de vivre, à travers des textes forts, des expériences extraordinaires racontées par des personnes qui les ont vécues de l'intérieur. Ces récits sont une véritable initiation : et si comprendre le monde invisible et percer ses mystères nous aidaient à nous accomplir ?

Une collection essentielle qui captive et répond
à nos interrogations les plus profondes.

Alexandre GRIGORIANTZ, *Ils sont en lien avec l'invisible*, 2019.
Fabienne RAOUL, *Mon bref passage dans l'autre monde*, 2019.
Dominique LORMIER, *Histoires extraordinaires de miracles et d'apparitions*, 2019.
Catherine GENTY, *Je suis passeuse d'âmes*, 2019.
Stéphane KACZMARECK, *Guérir avec les thérapies de l'âme*, 2020.
Davina DELOR, *Il nous faut tous un jour apprendre à mourir*, 2020.
Fabienne RAOUL, *Tout est lié*, 2021.
Éric DUDOIT, *Cheminement d'un passeur d'âmes*, 2021.

Leduc s'engage pour une fabrication écoresponsable !
« Des livres pour mieux vivre », c'est la devise de notre maison. Et vivre mieux, c'est vivre en impactant positivement le monde qui nous entoure ! C'est pourquoi nous avons fait le choix de l'écoresponsabilité. Un livre écoresponsable, c'est une impression respectueuse de l'environnement, un papier issu de forêts gérées durablement (papier FSC® ou PEFC), un nombre de kilomètres limité avant d'arriver dans vos mains (90 % de nos livres sont imprimés en Europe, et 40 % en France), un format optimisé pour éviter la gâche papier et un tirage ajusté pour minimiser le pilon ! Pour en savoir plus, rendez-vous sur notre site.

Conseil éditorial : Karine Sylvestre
Édition : Hélène Meurice
Correction : IGS-CP
Maquette : Laurie Baum
Design de couverture : Antartik
Illustration de couverture : Shutterstock

10, place des Cinq-Martyrs-du-Lycée-Buffon
75015 Paris – France
ISBN : 979-10-285-2346-6

Emmanuelle PRIES

Mon éveil galactique

LEDUC ÉSO

À Jens et Léa.

À vous chers lecteurs, lectrices,
Puisse les fréquences de ce livre réactiver
votre mémoire galactique.

Sommaire

INTRODUCTION

J'ai toujours su que tout est divinement orchestré et il en a été de même pour ce livre. De sa conception à sa rédaction, une main divine était à l'œuvre réunissant toutes personnes et circonstances nécessaires afin de créer l'expérience qui me propulserait dans ma pleine expression.

Ce livre est né d'une manière peu conventionnelle puisqu'il m'a été suggéré par mon éditrice. N'ayant jamais écrit de livre, je ne savais pas si j'en étais capable et je ne pouvais pas imaginer pourquoi l'on s'intéresserait à mon histoire. À l'époque je n'avais pas compris qu'il ne s'agissait pas de moi, mais de vous et de l'activation de votre moi multidimensionnel. Aussi, je n'avais pas pressenti que ce projet allait me pousser hors de ma zone de confort et m'obliger à faire face aux résistances que j'arborais encore en moi.

J'aimerais vous dire que j'ai écrit ce livre mais ce n'est pas tout à fait exact. Certes, je suis le scribe et l'auteure de cet ouvrage mais le contenu m'a été transmis trois soirs de suite en pleine nuit par les galactiques eux-mêmes. Réveillée vers trois heures du matin par la luminosité d'un de leurs vaisseaux prônant au-dessus de ma maison, j'ai reçu les chapitres un à un. Cela dit, cette intervention eut lieu au bout de six mois d'écriture et du jour où je me suis rendu compte que je ne vibrais pas encore avec ce que l'on attendait de moi. Dès l'instant précis où j'ai choisi cet alignement LE livre m'a été transmis dans son intégralité.

Ce que vous vous apprêtez à lire à travers mon vécu est un témoignage étape par étape de ce que j'appelle *mon éveil galactique*, or c'est tout simplement la révélation de notre vrai nature. Le *timing* et la publication de ce livre sont parfaitement orchestrés de façon à vous préparer à ce qui est à venir. L'humanité est sur le point de découvrir son héritage galactique et vous allez vous aussi vivre une transformation vibratoire profonde, semblable à la mienne, si vous ne la vivez pas déjà.

Personnellement, j'ai trouvé ce processus extrêmement difficile et j'aurais aimé que quelqu'un soit là pour m'expliquer ce qui m'arrivait. Je me sentais très seule, confuse et l'intensité des fréquences qui me percutaient me déstabilisait complètement. J'espère que ce livre réconfortera ceux qui vivent ces changements, rassurera ceux qui se demandent ce qu'il leur arrive et éclairera ceux qui se posent des questions.

Sachez que votre éveil est unique et se déroule à votre propre rythme et selon votre plan. Si vous avez été guidé vers ce livre c'est qu'une activation vous attend et que vous êtes prêt à passer à l'étape suivante de votre parcours. Que ces partages vous rappellent la joie et l'excitation que vous ressentiez à l'idée de vous incarner ici et maintenant, afin d'être témoin de votre divinité dans la matière.

Accrochez vos ceintures car le meilleur est à venir !

NOVEMBRE 2018

VISITE IMPROMPTUE

Entourée de mes frères et sœurs galactiques, je capte avec émoi les images qu'ils me transmettent télépathiquement. Il est 20 heures sur Gaia et cela fait déjà une heure et demie que j'essaie de structurer et de rédiger le contenu de mon site internet en français, sans aboutissement. Tout se mélange dans mon esprit, mes pensées s'entrecroisent, se chevauchent sans trouver de ligne droite. Je ferme les yeux pour accéder à la fréquence de ce que je tente d'exprimer dans la matière et hop ! d'un coup brusque, je me retrouve sur le vaisseau pléiadien qui m'est si familier.

Je reconnais immédiatement la vibration de ceux qui m'entourent et mon cœur s'ouvre au contact de leur fréquence. Les larmes me viennent aux yeux et je me laisse aller doucement à ces émotions qui me traversent. Je sens l'expansion de mon corps de lumière, qui, lui, a explosé d'un coup pour faciliter cette connexion hors du temps.

Ils m'attendent.

J'ancre ma présence sur le vaisseau et la transmission commence. Ils m'envoient une image. Je la reconnais tout de suite : c'est celle que j'avais sélectionnée il y a une heure.

« Oui, mais... », dis-je.

À cet instant, la fréquence de l'image s'achemine vers moi et me frappe de plein fouet.

J'ai la gorge nouée, les vibrations de l'image et les mots qui l'accompagnent dansent autour de moi, il n'y a plus aucun doute, c'est cette image que je dois utiliser. Mon corps se remplit d'une joie immense, je reconnais cette fréquence. Ah... mais bien sûr ! Je me souviens de cette photo, je l'avais déjà choisie... Je suis émue, très émue lorsque je prends conscience que je viens de faire irruption dans une des lignes de temps précédant cette incarnation.

Tout est si fluide et lumineux. Il n'y a aucun doute. Je prends le temps de baigner dans cette certitude lorsque ma conscience « redescend » brusquement et je me retrouve devant mon écran d'ordinateur. Le cœur grand ouvert, je me laisse aller à ce qui m'anime, mes doigts survolent le clavier de l'ordinateur avec une agilité surprenante, et c'est avec joie que je découvre les mots que mon cœur me dicte.

Je sens leur présence, ils siègent à présent dans mon bureau. Je reconnais leur signature vibratoire, elle se manifeste à travers mon corps physique. Je suis traversée par une ribambelle de picotements, un va-et-vient incandescent parcourt mes canaux énergétiques pour finir dans mon cœur qui explose au contact de cette lumière galactique. Je ne les vois pas encore, mais je les sens autour de moi. Combien sont-ils ? J'active mon radar invisible pour les localiser. Il y en a un devant moi, un à ma droite près de mon épaule et un à côté de mon épaule gauche. Ah… ils sont trois.

Pas besoin de dialoguer, ils captent absolument tout. Connectés à mon champ énergétique, ils me mettent à découvert. Je ne peux rien leur cacher. J'ai envie de leur dire : « Pas de soucis, j'ai compris, OK, je prends cette image. » Inutile de m'exprimer, ils voient mes hésitations, mes doutes, mes insécurités avant que je puisse moi-même les apercevoir. Je suis à nu. Au début de nos rencontres cela me gênait, or maintenant cela me réconforte.

D'un coup, mon troisième œil s'ouvre et je vois le Pléiadien qui s'est placé devant moi. Il est debout derrière mon ordinateur. Qu'il est lumineux ! Mon cœur fait un bond et je sens la chaleur monter en moi. Peur ? non, plutôt surprise. Je ne m'attendais pas à cette vision qui s'est déclenchée sans mon accord. Il rayonne, je n'arrive pas à distinguer les traits de son visage tant son troisième œil est actif. On dirait un petit soleil violet. Il brille et laisse émaner une lumière mauve-violet éblouissante. Un ton vibratoire qui n'existe pas encore sur Gaia, malheureusement. C'est tellement beau ! La pureté de cette fréquence me fait pleurer tant elle active mon cœur. Oh non ! ça y est, je pleure à nouveau, me dis-je, souriant à travers les larmes qui coulent.

J'aperçois ses mains, elles sont posées sur mon bureau encerclant mon ordinateur. Elles sont revêtues de gants blancs, de sorte que je ne distingue pas sa couleur de peau. Un nouveau flash de lumière interrompt cette vision et un second hologramme se dessine. J'aperçois une main sur mon épaule droite et une présence à ma gauche. Mon corps se fige. Je suis émue et j'essaie d'immobiliser, de cristalliser ce ressenti et ces images car je sais qu'elles vont disparaître d'un moment à l'autre.

D'un coup brusque, ils me quittent. Je ferme les yeux quelques minutes afin de perdurer dans la fréquence qui maintenant rayonne en moi. Je dois profiter de ce moment car mon taux vibratoire va redescendre petit à petit, je le sais. Mon humain ne veut pas. Il cherche à maintenir ce feeling d'amour et de compassion pour toujours. C'est enivrant et cela éveille un pouvoir en moi, une force que je ne peux quantifier mais dont mon âme raffole. Je suis déjà sur Terre et pourtant j'ai l'impression de redescendre sur Gaia.

L'air de mon bureau se refroidit et ce courant « électrique » qui me parcourait il y a quelques secondes encore a disparu. Doucement, je reviens à moi et je réintègre les vibrations de cette dimension. Ah… le retour est toujours un peu délicat, je dois « ramener » ma conscience ici alors que je suis dans un état expansif total. J'ai l'impression de tituber dans un espace intermédiaire et je dois patienter jusqu'à ce que mon taux vibratoire se stabilise à nouveau. Puis, peu à peu, cette visite se clôture par un bourdonnement d'oreilles, seul souvenir de cette rencontre avec l'invisible.

AUTOMNE 2021

RACONTE-LEUR...

« Emmanuelle, raconte-leur... », me disent les Arcturiens.

Ils sont là, ils m'observent et me guident dans l'écriture de ce livre. Quand l'écriture bloque et n'est pas fluide, c'est que mon ego intervient et qu'il essaie d'embellir ces pages afin de contrôler le contenu ainsi que l'image que je projette. Il peut s'écouler des jours pendant lesquels je résiste à la guidance que je reçois. Puis, au moment même où je lâche prise, ils sont de nouveau là. « Raconte-leur... », me soufflent-ils une dernière fois. Alors, après avoir transmuté mes peurs et affronté mes doutes, je peux enfin exprimer les fréquences qu'ils me demandent de vous communiquer à travers ces mots.

Leur but : vous éveiller à votre héritage galactique, vous aider à surpasser vos croyances et surtout vous assister dans l'éveil de votre conscience. Ce livre est à lire avec votre « ressenti », et non avec votre mental. Laissez-vous transporter par votre cœur, par ce qui se passe en vous à la lecture de ces mots. Que vous croyiez ou non ce que je vais partager avec vous n'a aucune importance, car il ne s'agit pas ici de vous imposer ma vérité, ni de vous convaincre de quoi que ce soit, mais plutôt de vous faire ressentir quelque chose, d'activer ce qui est dormant en vous pour que vous accédiez à vos propres mémoires, afin que vous trouviez votre vérité, celle qui est parfaitement alignée avec votre essence et l'expression de celle-ci.

Je vous invite à entrer en résonance avec les fréquences qui sont exprimées à travers ces pages. Observez votre réaction à la lecture de ce récit. Que ressentez-vous ? Quelles sont les émotions qui se manifestent ? Y a-t-il des peurs, des résistances ? Peut-être quelque chose vous met-il en colère ? Toutes ces réactions sont importantes, elles sont la preuve que quelque chose bouge et s'active en vous. Lorsqu'un événement, une personne ou alors une action comme la lecture de ce livre déclenche une réaction en vous, c'est que vous venez d'entrer en contact avec une fréquence qui demande votre attention.

Vous souhaitez en savoir plus sur les galactiques ? J'espère assouvir votre curiosité à travers mon partage. Bien sûr, mon expérience reflète mes croyances et elle est l'expression de mon essence ; par conséquent, elle est unique et représente une expérience parmi sept milliards d'autres. Vous vous demandez comment j'en suis arrivée là ? Je vais me dévoiler sans filtre, je vous emmène avec moi dans les moments clés de mon évolution en espérant que cela vous inspire à suivre votre propre chemin avec confiance et compassion pour le parcours que vous avez choisi. Souhaitez-vous aussi canaliser les galactiques ? C'est à votre portée ! Je vous encourage à établir votre connexion, à parfaire cette union qui, dans son expression dans cette dimension, sera le reflet de votre essence divine.

Je vous appelle aussi, à travers cette lecture, à observer ce qui se passe dans votre corps physique, car toute énergie qui vous parcourt, peu importe son intensité, est la manifestation de votre moi supérieur. Soyez à l'affût des picotements, des vagues énergétiques qui vous traversent, de la chaleur qui vous parcourt, de votre corps qui vibre soudainement comme une pile électrique ou encore d'une soudaine envie de pleurer.

Tous ces symptômes sont des signes de ce qui s'écoule en vous énergétiquement, et c'est en étant à leur écoute que vous allez vous familiariser avec le quantique. Ce moi vibratoire, c'est votre moi quantique, c'est cette présence divine qui se déplace dans l'invisible à laquelle votre humain n'accède qu'à partir de son espace cœur à travers son ressenti.

Ma toute première connexion avec mon moi quantique s'est faite grâce au royaume angélique en 2006. Mes premiers pas vibratoires furent difficiles car je ne voyais rien et je ne ressentais rien ; de plus, je ne comprenais pas comment je devais me connecter. J'entendais souvent qu'il fallait que je descende dans mon cœur, et malgré toutes les visualisations que je pouvais employer, un ascenseur ou une porte par exemple, je restais coincée dans mon mental, alors que, si quelqu'un m'avait dit tout simplement : « Emmanuelle, c'est avec ton ressenti que tu accèdes à ton espace cœur », cela aurait été bien plus facile.

Néanmoins, Il m'a fallu à peu près six mois pour finalement ressentir un tant soit peu de picotements après de nombreuses tentatives. J'étais frustrée et énervée, mais aussi têtue et obstinée. Au lieu d'accueillir ce qui venait dans l'ordre dans lequel cela m'était présenté, je voulais contrôler mon expérience. Cela ne fonctionne pas. J'ai dû apprendre, pas à pas, à me connecter. Ensuite, ma vision s'est enclenchée et, avec une pratique assidue (car je le voulais !) et un peu de discipline, mes sens se sont ouverts, mon ressenti s'est intensifié et mes connexions se sont amplifiées.

Cela dit, rien ne pouvait me préparer à ce parcours qui a chamboulé ma perspective et qui m'a complètement ouvert le cœur. La vie que je mène aujourd'hui n'est pas du tout celle que j'envisageais, mais pour rien au monde je ne souhaiterais revenir en arrière, car, une fois que votre cœur se connecte avec les fréquences galactiques d'amour et de lumière, il n'y a aucun retour possible.

AUJOURD'HUI

J'ai souvent l'impression de vivre sur une autre planète, de naviguer dans un monde qui n'appartient pas à celui-ci, et pourtant je suis bien ancrée sur Gaia. Que je fasse mes courses au supermarché ou que je conduise, j'ai souvent conscience de ce que mes aspects galactiques entreprennent dans les dimensions plus élevées, je peux me connecter à leurs fréquences et visionner ce qu'ils font tout en étant active dans cette réalité. Parfois nos chemins se croisent, je perds temporairement pied dans cette dimension, et si cela se produit lorsque je fais mes courses, malgré ma liste d'achats je rentre à la maison en ayant oublié le quart de ce que j'avais projeté d'acheter.

Ce qui fait partie de mon quotidien actuel et ce qui paraît comme une évidence fut loin de l'être. Malgré l'éveil fulgurant que j'ai vécu en 2011, j'ai longtemps douté. Avais-je vraiment vu, ressenti et participé à ces rencontres ou était-ce le produit d'une imagination débordante, ou même encore le fruit d'une hallucination ? Ces questions, je me les suis posées mille et une fois. Oh, je n'avais aucun doute, je l'avais bien vécu, mais je me refusais à y croire, je pense que sur le plan cognitif mon mental ne réussissait pas à surmonter ses croyances.

Clairement, je me butais à mes propres limites qui s'insinuaient sans cesse, me soufflant que ce que j'avais vécu était impossible, or mon cœur s'évertuait à contrecarrer ces croyances. « Mais bien sûr que si, j'étais sur le vaisseau, j'ai tout ressenti, je ne suis pas folle quand même ! » Aujourd'hui, ce conflit s'explique, il est normal et je l'ai surmonté le jour où j'ai compris qu'il s'agissait de deux mondes qui s'affrontaient. Le linéaire et le quantique. Quand ces deux mondes s'entrecoupent, ça bloque. Pourquoi ? Simplement parce que le linéaire, dans lequel notre conscience réside, ne peut expliquer le quantique, auquel il n'a pas accès.

Me croiriez-vous si je vous disais que cette connexion galactique m'est « tombée » dessus ?

Je ne l'ai jamais souhaitée, bien au contraire ; les galactiques ne m'intéressaient absolument pas, puisqu'ils m'inspiraient une peur viscérale ; par conséquent, je n'ai jamais recherché une connexion quelconque. Mon moi supérieur a longtemps essayé de m'y aligner et de m'y amener, mais je n'écoutais pas et je refusais tout ce qui avait trait aux galactiques. Je naviguais dans l'espace angélique avec aisance et je comptais rester dans ces fréquences. De ce fait, je m'opposais systématiquement aux livres que l'on me proposait, j'évitais toute conversation sur les extraterrestres et je déclinais de nombreux ateliers ayant le moindre lien avec cette fréquence que je redoutais.

Ce refus remonte à un événement qui s'est produit en 1999. Une amie me prête un livre sur l'enseignement des Pléiadiens. Intriguée, je le lis et au bout de quelques pages je suis soudainement submergée par un sentiment de mal-être. Quelque chose me dérange, mais je ne sais pas quoi, j'ai un drôle de feeling et j'ai peur, mais j'ignore de quoi.

Emmanuelle, reprends-toi ! me dis-je. Alors je continue à lire jusqu'à ce que je ressente comme une décharge électrique dans le corps.

À ce moment, je ferme le livre immédiatement. Mon imagination s'enflamme et les images commencent à défiler, comme des flashs de lumière intermittents, je vois des êtres autour de moi. On dirait que mon esprit est envahi par quelque chose que je ne peux contrôler et les visions que je « reçois » me font paniquer. Peureuse, j'éteins la lumière puis je la rallume, mon cœur bat la chamade, j'ai l'impression de devenir folle. J'ai tellement peur que je suis en sueur et je m'agrippe à ma couette comme à une bouée de sauvetage. Je n'ai qu'une angoisse : qu'un être non humanoïde se matérialise dans la pièce !

Ça me fait sourire de partager cela avec vous, car, avec le recul, je comprends d'où venait cette peur : ce livre avait activé des mémoires de guerres galactiques auxquelles j'accéderais des années plus tard. Alors, de ce point de vue, cette peur n'était pas si irrationnelle que cela, si l'on prend en compte que nous avons accès à tous nos aspects qui résident dans d'autres dimensions en ce moment même. On parle de vies antérieures, il n'y a pas de vie antérieure à proprement parler, il y a des lignes de temps qui existent simultanément dans d'autres espaces-temps, et lorsque notre conscience se retrouve « par hasard » dans ces fréquences nous accédons aux émotions d'une autre « vie » et nous ne comprenons pas d'où cela vient.

De plus, pour compliquer les choses, l'apparence des galactiques m'a toujours effrayée, alors que je ne les avais jamais vus. Une fois de plus, l'idée que je me faisais de leur physique prenait appui sur les photos et les images qui circulaient dans le collectif et non sur ma propre expérience. Il y a trente ans, alors que j'habitais en Californie, il y avait cette série qui s'appelait *V*. Il s'agissait de Reptiliens qui avaient pris une forme humaine. Curieuse, j'avais insisté pour regarder un épisode qui m'avait épouvantée, et je pense que c'est à ce moment-là que j'ai ancré dans ma conscience une vision négative des galactiques.

Cela dit, je suis trouillarde de nature, ma vision « s'enclenche » si rapidement qu'il n'en faut pas beaucoup pour que des images se bousculent dans mon champ de vision. Peut-être est-ce la raison pour laquelle je perçois l'invisible avec tant de facilité ? Je ne le sais pas. En tout cas, ma première rencontre avec les Pléiadiens ne se fit pas face à face mais lors d'une session énergétique qui m'avait été chaudement recommandée par une amie.

MARS 2011

L'ÉNERGIE PLÉIADIENNE ME TOUCHE

Allongée sur mon lit, les écouteurs dans les oreilles, je suis prête, excitée et un peu nerveuse à la fois. Je me suis laissé embarquer dans cette séance à distance sur la recommandation d'une amie et voilà que je me demande pourquoi. Trop tard, celle qui fait la session est au bout du fil et prête à commencer.

« *Hi there,* me dit-elle avec son accent américain. Es-tu prête à faire l'expérience de l'énergie pléiadienne ?

— Oui.

— Bon, alors allons-y. Je vais te demander de fermer les yeux et de te relaxer. Cette modalité vient des Pléiades et vise à aider à créer ton corps cristallin de cinquième dimension. Cette session est interactive et je t'expliquerai au fur et à mesure ce que je fais. N'hésite pas à me poser des questions.

— OK… »

Ça commence bien, me dis-je, elle vient de mentionner le corps cristallin de la cinquième dimension. Je ne sais pas de quoi elle parle. Je demande ou je ne demande pas ? Je n'ai pas le temps de réfléchir car je sens une énergie se déplacer en moi. Eh bien dis donc, c'est rapide !

« Le mouvement que je fais à présent est pour t'aider à naviguer dans des dimensions plus élevées, continue-t-elle.

— Oui, je vois des portails. Je passe à travers de nombreux portails ! »

Je n'en reviens pas, je n'ai jamais rien vu de la sorte. Je me trouve devant une multitude d'ouvertures qui s'enchaînent les unes aux autres, il y en a des centaines ! Ça défile à une allure vertigineuse !

« Je viens d'arriver quelque part, dans une pièce. Attends, je reconnais cet endroit, c'est un temple de régénération. », lui dis-je.

Ma vision n'a jamais été aussi claire et nette. Ma conscience se déplace à travers dimensions et royaumes, j'ai du mal à me concentrer sur ce qu'elle dit.

Tout défile si rapidement.

« Maintenant, je vais te donner un symbole, me dit-elle, et je l'entends souffler dans le téléphone. Ce symbole est là pour t'apporter calme et paix. Tu peux t'y connecter en tout temps. »

Je ne sens pas grand-chose mais j'aime l'idée de ce symbole, cela me rassure.

Elle continue à apposer ses mains sur mon corps éthérique à des milliers de kilomètres de là. Je suis absolument fascinée. J'avais entendu parler de ce genre de soins à distance, mais je n'y croyais pas vraiment.

« Maintenant, nous allons partir en cinquième dimension, es-tu prête ? »

Oui, je le suis, sauf que je ne sais pas trop de quoi elle parle. J'ai une vague compréhension de cette dimension, cependant je ne sais pas à quoi m'attendre.

Je l'entends faire toutes sortes de bruits à l'autre bout du téléphone, on dirait que cela lui demande beaucoup d'énergie car sa voix varie légèrement.

Ma conscience se dilate, j'ai l'impression que mon âme s'étire, s'étire jusqu'à ses limites, et d'un coup brusque je flotte dans un nouvel espace. On dirait que je me détache de mon corps.

Je viens d'atterrir en cinquième dimension !! Je n'arrive plus à communiquer avec elle tant je suis émue. Que c'est beau ! Mes émotions se bousculent, tout est allé si vite, c'est comme si mon cœur avait soudainement été pris en otage, je ressens un amour si puissant que les larmes coulent sur mes joues. Je suis sidérée, absolument électrifiée par cette énergie qui coule à travers mes canaux énergétiques. Si c'est cela l'effet de l'énergie pléiadienne, alors je suis déjà accro.

Inutile de préciser que cette séance prérequise pour l'inscription à cette nouvelle modalité de guérison m'emballe et je m'engage sur-le-champ. Je n'y pense même pas, je ne me pose aucune question, je sais que je dois m'y inscrire. Je raffole de ces moments quand notre moi supérieur est au volant et nous montre sans équivoque la direction dans laquelle nous devons nous diriger pour nous aligner avec notre plan de vie. Le sentiment est toujours clair comme de l'eau de roche, manifeste et accompagné d'un désir profond inexplicable.

Lorsque j'enseigne ou que je fais une activation, je précise toujours que l'énergie travaille pendant les jours et les semaines qui suivent, et c'est exactement ce qui se produit après la session. Dans mon cas, elle s'est manifestée par une soif insatiable de cette énergie. Je ne pensais qu'à cela et je comptais les jours jusqu'à ma première session d'apprentissage. De plus, je sentais toutes sortes de nouvelles sensations me parcourir vis-à-vis de ce qu'il y avait à venir. Je voyais déjà une multitude d'images, comme si ma vision avait explosé et que j'avais accédé à un tout nouveau niveau de clairvoyance. Ça aussi, c'est un phénomène qui me fascine, le fait que l'énergie de l'apprentissage à venir commence déjà à travailler sur nous à partir du moment où nous nous engageons. En fait, c'est simple. Vous dites à l'univers : « J'arrive », une connexion s'établit lors de votre intention, vous l'ancrez dans la matière en vous inscrivant et, ça y est, vous êtes connecté ! Ensuite, en fonction de votre niveau vibratoire et de votre parcours, vous ressentez l'énergie ou non.

L'APPRENTISSAGE COMMENCE

« C'est comme cela que tu emmènes le gens dans la cinquième dimension », me dit-elle lors de notre première session d'apprentissage via FaceTime.

Je suis hyperexcitée, j'attendais ce moment avec impatience. J'ai du mal à croire que c'est possible, tout me paraît magique, je ne comprends pas encore que je navigue dans l'espace quantique et mon mental a de la difficulté à saisir ce qui se passe. Peu importe, ça marche, je le sais, c'est ce qui compte.

Mon cœur bat la chamade et je lève les bras comme elle me l'indique. Les mouvements ne sont pas compliqués ; cela dit, je dois garder mes bras en l'air pendant un temps qui me paraît très long, et au moment où je m'apprête à les relâcher elle s'exclame :

« Attention, ne baisse surtout pas tes bras d'un coup sinon l'atterrissage sera brusque. Tu dois donc les ramener dans cette réalité doucement. »

Ah, d'accord ! Je n'avais pas compris. On les emmène vers le haut et on les ramène ensuite dans cette réalité. Cela me paraît si fou !

« Mais comment cela marche ? lui demandé-je avant de m'empresser d'ajouter : et quand est-ce que je dois baisser les bras pour les ramener ici ? Comment est-ce que je sais qu'ils sont prêts ? »

J'ai tant de questions !

« Je ne peux pas t'expliquer comment ça marche, c'est le protocole que j'ai reçu des Pléiadiens et je le suis. »

Je suis bouche bée et déçue. Quoi ? Les Pléiadiens ne lui ont pas expliqué !

« Pour les redescendre, c'est une question de ressenti, tu dois attendre jusqu'à ce que tu sentes qu'ils sont prêts. Je ne vois pas comme toi, donc je dois me fier entièrement à mon ressenti. »

À ce moment, je me rends compte qu'elle aussi navigue à l'aveuglette. Une fois de plus, je prends la mesure de l'étendue de ma naïveté : ceux qui me transmettent leur savoir ne savent pas tout comme je me l'imaginais. Celle qui m'avait appris l'angéologie fonctionnait elle aussi au ressenti, car elle n'était pas clairvoyante. Je comprends maintenant pourquoi elles me disent toutes les deux que j'ai de la chance de voir et pourtant cela ne m'apaise pas, car j'ai sans arrêt besoin de validation. Ce qui nous sépare, c'est la confiance en soi que je n'ai pas encore.

Cela dit, je découvre une facilité d'apprentissage qui me surprend et les fréquences pléiadiennes qui m'animent me transportent. C'est comme si j'avais toujours fait ce genre de travail. Je me sens grisée par cette énergie que je ne peux définir, j'attends chaque session avec impatience. Aujourd'hui, je découvre que j'avais activé une partie de moi-même ; par conséquent, cette énergie s'intensifiait et s'amplifiait sans cesse en moi lorsque je pratiquais cette modalité. Cependant, non consciente de ce processus, j'avais l'impression d'être « sous influence » d'une force qui me dirigeait. Cela m'effrayait car je ne pouvais expliquer cet attrait indéniable pour cette énergie.

ASHTAR

Un jour, lors d'une session, elle me dit :

« Là, tu ouvres, tu fais comme ça, et ensuite tu extrais toutes les peurs. Tu les arraches. »

Elle me montre les mouvements et soudain, avec une voix nettement plus grave, elle enchaîne :

« Ici le commandant Ashtar, nous intervenons dans l'enseignement de cette élève pour lui enseigner des techniques plus avancées. Cela fait un moment que nous surveillons de près son évolution et elle est prête pour ce que nous avons à lui enseigner. »

Je suis sidérée et n'en crois pas mes oreilles. Ayant déjà entendu ma prof canaliser brusquement comme cela, je ne remets pas en question le fait qu'elle canalise un galactique, mais Ashtar ? N'est-il pas un commandant d'armée galactique ? Et puis c'est quoi, cette histoire de surveillance ?

Je n'arrive pas à me concentrer sur les explications qu'il me transmet à travers elle, tout me semble complètement surréel et fou. Cette interférence me perturbe, cela fait bizarre de parler à un commandant galactique à travers une autre personne, et puis je me méfie. Je ne le connais pas, et qui me dit que c'est le « vrai » Ashtar ? Pourquoi est-ce que je l'intéresse ? Ça y est, elle a fini et revient à elle.

« Que s'est-il passé ? lui demandé-je.

— Je ne sais pas, cela ne m'est jamais arrivé », murmure-t-elle.

Je la sens troublée.

« Emmanuelle, peux-tu me transmettre les informations qu'il t'a données, car je ne me souviens de rien ? ajoute-t-elle.

— Bien sûr. »

Je comprends, il l'a fait sortir de son curriculum et m'a donné des informations qu'elle n'a pas. Je suis mal à l'aise, j'attends qu'elle me rassure mais je la sens dépassée par la situation, alors je ne pose plus de questions.

L'intervention d'Ashtar m'avait perturbée. De toute évidence, mon ego était flatté ; je dois aussi avouer que je n'étais pas entrée en résonance avec lui. Son ton avait été froid, je n'avais pas du tout ressenti cette vague d'amour à laquelle je me serais attendue de sa part, j'étais perplexe. Peu importait son grade, son interruption brutale m'avait surprise, de même que cette hiérarchie galactique. Qu'avais-je donc à voir avec tout cela ? Je ne savais pas trop si je devais prendre cet événement au sérieux. L'idée que l'on m'observe de « là-haut » me mettait très mal à l'aise. Dans quoi avais-je embarqué ?

J'ai toujours été extrêmement méfiante en ce qui concerne l'invisible ; par conséquent, j'ai longtemps remis cette intervention en question. De plus, je n'étais pas du tout familiarisée avec ce monde galactique, je venais à peine de le découvrir et loin de moi l'idée de prétendre à une interférence de sa part. Il faut savoir que, lorsque vous vous ouvrez au monde galactique, le bouche à oreille fonctionne, les galactiques se mettent en file pour que vous les canalisiez. Ensuite, c'est à vous de décider avec qui vous souhaitez travailler.

À mon grand étonnement, Ashtar est venu plusieurs fois par la suite me rendre visite et il m'honore encore de sa présence à l'occasion. Une fois, il est apparu en pleine nuit, j'ai sursauté car sa présence lumineuse près de mon lit m'a réveillée, il rayonnait une fréquence christique qui m'a émue aux larmes. Une compassion immense émane de lui, il communique avec amour et douceur. C'est un être empli d'amour et de sagesse, rien à voir avec l'être qui s'était manifesté pendant la session.

LA PRATIQUE

Quelques semaines plus tard, je cherche mes volontaires. En effet, j'ai besoin d'un nombre minimum de sessions pour l'obtention de mon diplôme de praticienne, ce qui s'avère un peu difficile car je me heurte à mon manque de confiance. Malgré mon enthousiasme pour cette modalité, je n'ose pas trop en parler par peur que l'on me prenne pour une illuminée. Les fréquences angéliques, oui, mais galactiques ?

Je dois sortir de ma coquille et m'exhiber en tant que personne qui travaille avec l'énergie galactique. Oh, que c'est difficile ! Déjà, je commence à flancher et à changer la terminologie. Je n'ose pas prononcer le nom de la modalité car ça fait trop « galactique », alors je m'entends dire que je fais des soins selon un nouveau système, puis, pour me donner bonne conscience, j'emploie le mot « Pléiades ». J'ai honte. Je suis tiraillée. J'aimerais tellement dire que je fais du reiki, ou encore que je suis guérisseuse, ça passe mieux, le collectif commence à s'éveiller à toutes ces modalités. Je sais que je dois m'exposer et sortir de ce moule angélique dans lequel j'étais à l'aise, mais je n'y arrive pas, enfin pas encore.

Cela dit, les retours sur les séances sont absolument époustouflants ! Lorsque j'amène les gens en cinquième dimension, les plus sensibles se mettent à pleurer, je n'en reviens pas. Cela me trouble, il se passe quelque chose que je ne peux pas voir ni vraiment ressentir car je ne ressens pas ce que je « fais », et pourtant c'est la première fois que ce qui émane de moi affecte les gens de cette manière. Les malaises et les douleurs disparaissent au contact de cette énergie, j'hallucine !! Mon humain a de la difficulté à transcender ses propres croyances. Ce n'est pas possible. J'attribue ces améliorations à la chance ou au hasard et pourtant les résultats sont là. Je suis tiraillée et il me faudra encore quelques années pour comprendre que cette « fausse humilité » est une des multiples facettes de mon ego.

Néanmoins, la pratique de cette modalité m'affecte aussi. Tout s'ouvre à moi avec une aisance et une facilité surprenantes. Dès que je commence une séance, je ressens une poussée d'énergie qui s'élève en moi. Parfois c'est tellement fort que j'éclate en sanglots. Je ne sais pas encore que j'appelle des fréquences très élevées qui, comme des vagues, percutent la densité qui m'habite. La puissance, l'amplitude et la magnitude de cette vibration que je canalise m'ébranlent complètement. Inquiète, j'appelle ma prof :

« Mais quand est-ce que cela va s'arrêter ?

— Tu apprendras à gérer ces fréquences », me répond-elle.

En attendant, je suis perplexe. Il se passe quelque chose en moi, j'ai peur de perdre le contrôle. Le contrôle de quoi ? Je ne sais pas. Ce qui m'effraie, c'est de prendre conscience à quel point j'ai soif de ces fréquences. Je me sens envoûtée par quelque chose et je ne sais pas quoi.

Si Ahstar et les Pléiadiens peuvent me voir et « surveiller » mon évolution, ce que je trouve assez inquiétant, ils peuvent aussi lire mes pensées, alors pourquoi me laisser mijoter ? Oui, je sais que cela fait partie de mon apprentissage, cependant je suis lasse et irritée de devoir déchiffrer et décrypter ces messages. J'ai envie d'un guide, d'un manuel avec des explications claires qui m'expliqueraient ce qui se passe en moi, me donneraient le pourquoi et surtout me rassureraient, car cette résonance pour cette énergie galactique qui me prend les tripes m'effraie.

Et puis les sessions deviennent étranges. Un jour, alors qu'une jeune fille est allongée sur ma table de soins, je place les cristaux autour d'elle, comme convenu, et, alors que je suis prête à extraire quelque chose, j'entends un « ploc » et je vois un cristal par terre. Non ! Ce n'est pas possible ! Comment est-il tombé ? Elle n'a pas bougé ! Je sens une petite chaleur d'inquiétude me traverser le corps.

« Qu'est-ce qui se passe ? me demande la jeune fille.

— Un cristal est tombé de la table.

— Ah bon ? me répond-elle. C'est bizarre, non ? » Tu m'étonnes ! J'ai envie de lui répondre, mais n'en fais rien. D'un coup, mon mental rapplique : oh ! Hey ! Emmanuelle, un cristal qui tombe de la table, ce n'est pas normal !! Mes battements de cœur s'accélèrent et je sens mon taux vibratoire chuter. Emmanuelle, calme-toi et concentre-toi, me dis-je. Mais j'ai du mal, car pour la première fois je sens qu'il y a une présence dans la pièce et je ne sais pas qui.

La réponse me vient la semaine suivante alors que je suis en train de faire une session à distance. Ce système demande de suivre un protocole assez strict et dans l'ordre. Il se compose entre autres de mouvements et de symboles auxquels nous sommes initiés et de l'application de cristaux sur le corps. C'est ainsi qu'en « nettoyant » les peurs d'une personne ma vision s'enclenche et je vois une fumée verte se dégager de son plexus solaire et s'en élever. Sans réfléchir, je me mets automatiquement en arrière, je sais que cette énergie est toxique.

« Approche-toi et regarde », me dit une voix.

Une présence a envahi la pièce. Je suis immédiatement immergée dans un vortex d'amour et de pureté. C'est trop beau, mon cœur s'ouvre tout grand et d'un coup ça me fait mal. Un amour et une douceur m'envahissent. Je n'ai absolument aucune crainte. ILS sont finalement là, je le sais. Ça pulse ! Et fort ! C'est émouvant. J'ai les yeux qui picotent.

« Tu vois toute cette masse verdâtre ? me disent-ils télépathiquement.

— Oui.

— Ce sont les peurs de la personne. Tu vas les arracher comme tu l'as appris tout en observant ce qui se passe dans le plexus solaire de la personne. »

Je m'exécute et, au fur et à mesure que « j'arrache » cette peur comme de la mauvaise herbe, le plexus solaire de la personne s'éclaircit pour faire place à des points de lumière blancs. Incroyable !

Plus j'enlève ces fréquences basses, plus l'espace devient blanc et lumineux. Je vois, je transmute, je vois, je suis tellement excitée ! Alors que je suis connectée à ceux qui m'entourent et transportée par leurs fréquences, mes mains s'agitent, s'imposent et innovent. Je sors du protocole, j'ai l'impression d'être dans une transe tant tout est fluide. Mon mental ne sait pas ce que je fais, moi non plus, mais cela n'a aucune importance. Intuitivement je sais que je n'ai pas besoin de comprendre ni d'analyser, juste de transmettre. Téléguidée par les Pléiadiens, je m'adonne cœur et âme à cette énergie qui se déplace en moi. Je sais que cette lumière guérit, c'est tout. Je sens une force qui m'anime, je suis sereine, j'ai confiance, je suis bien. Je suis émue. Ils sont avec moi et me guident.

Cet instant fait partie des moments qui ont profondément marqué mon humain. Je dis « mon humain », car dans ces moments de transmissions et de connexion mon humain n'existe plus, je ne sens plus Emmanuelle. Je deviens l'un « d'eux », je vibre à un autre niveau, mon cœur est complètement ouvert et je reçois ce qu'ils ont à me transmettre. Ce jour-là j'ai senti qu'il y avait un autre moi qui, lui, savait exactement ce qu'il faisait. Je me souviens d'être à la fois excitée et tiraillée par le fait qu'ils m'aient guidée hors du protocole.

Qu'est-ce que cela voulait dire ? Et pourquoi ? De plus, je ne voulais pas me l'avouer mais le fait que l'on nous avait « défendu » de sortir du protocole me dérangeait. Si l'énergie était divinement inspirée, alors pourquoi y avait-il des interdits ? Et puis selon qui ? Est-ce que les Pléiadiens reviendraient vers moi ?

JE VOLE DE MES PROPRES AILES

Deux semaines plus tard, un matin, alors que je me trouve avec mon amie Viki dans le vestiaire du centre de fitness où nous étions toutes les deux membres, une femme se dirige vers elle. Accroupie, en enfilant mes baskets, je capte des bribes de conversation et j'entends Viki déclarer à voix haute :

« Mon amie Em est une excellente guérisseuse, je suis sûre qu'elle peut t'aider et justement elle est là. Hey ! Em… »

Paniquée, je sens mon cœur s'accélérer et, en me relevant, je réponds :

« Oh, non, je suis encore dans ma phase d'apprentissage, je n'ai pas beaucoup d'expérience. »

Sur ce, Viki rétorque :

« Eh bien, c'est parfait, Em, un candidat de plus pour pratiquer ! »

La femme qui jusqu'à présent m'avait tourné le dos se retourne vers moi, les larmes aux yeux :

« Je vous en supplie, aidez-moi ! Mon mari est à l'hôpital depuis un an, il ne mange plus, il ne peut pas marcher, les médecins ne savent plus quoi faire. Personne ne trouve ce qu'il a. Je ne sais pas ce que vous faites, je ne crois pas à tous ces trucs ésotériques, mais ça m'est égal, si Viki fait votre éloge, je suis partante ! »

Comment dire non ? Je suis coincée, puisque ma chère amie a vanté mes talents et proposé mes services sans mon accord. Alors j'acquiesce et je lui propose de me connecter à son mari à distance.

« Ah bon, à distance ? me dit-elle.

— Oui, lui réponds-je timidement.

— Avez-vous besoin de son nom ou de sa photo ? me demande-t-elle.

— Non, ce ne sera pas nécessaire, par contre demandez-lui son accord, je ne prodigue pas de soins sans la permission de la personne. »

« Non, mais qu'est-ce qui t'as pris, Viki ! Ça ne va pas ou quoi ! »

Je suis furieuse.

Elle éclate de rire :

« Em, il est temps que tu sortes de ton cocon et que tu proposes tes services. J'ai vu ce que tu peux faire, tu es si douée, tu dois y aller maintenant et te mettre en avant. Je sais que tu as peur, mais je crois en toi, alors maintenant fais cette séance et fonce !

— Mais est-ce que tu te rends compte que je n'ai jamais fait ça ? Et si ça ne marche pas ?

— Mais ça marchera, pourquoi ça ne marcherait pas ?

— Je ne sais pas. Mais si rien ne vient et si je ne vois rien, je vais avoir l'air d'une idiote ! »

Je n'avais pas compris à quel point j'avais peur que cela ne fonctionne pas. Et si les Pléiadiens ne venaient pas au rendez-vous ou s'ils me laissaient tomber ?

« Écoute, toutes les séances que tu as faites jusqu'à maintenant ont fonctionné, il est temps que tu sortes de ta zone de confort, alors fonce et fais ce que tu fais le mieux. »

Elle a raison et je le sais, simplement je ne veux pas l'entendre. Un malaise me parcourt, elle vient d'activer mes peurs les plus intimes. Je lui en veux un peu de m'avoir mise dans cette position, mais à part mon mari c'est la seule personne qui ose confronter mon ego et je lui en suis si reconnaissante. Oui, j'ai peur de ne pas être à la hauteur, peur de me lancer et peur du regard des autres. Je procrastine et je me complais dans cette phase d'apprentissage car demander de l'argent pour mes services m'obligerait à y faire face.

Et c'est ainsi que le lendemain je me prépare à cette session. J'imagine cet homme devant moi et je me connecte à lui. J'ai de la difficulté à percevoir son énergie, alors je m'approche de la table, me concentrant encore plus, et j'entends : « Colonne vertébrale, colonne vertébrale !! » Surprise, je le visualise sur le ventre afin de pouvoir « scanner » son dos. Au bout de quelques secondes, j'aperçois sa colonne, elle est noire !! Toute noire. Ce n'est pas normal ! Au moment où j'articule ces pensées, je vois l'Archange Michaël débarquer et il me pousse d'un coup de main vers l'arrière. Surprise, je perds un peu l'équilibre et je sens une main sur mon épaule, c'est un Pléiadien, je le reconnais à sa fréquence. Ma vision s'intensifie et je perçois des silhouettes dans la pièce. Ils sont là. C'est la première fois que je vois leur contour. Je suis incapable de discerner leurs traits mais ils semblent avoir une forme humanoïde.

Je sais que le toucher d'un galactique peut paraître bizarre et je le comprends car la première fois que j'ai ressenti une main sur mon épaule j'ai cru avoir une syncope. Au début, ma vision s'enclenchait (Dieu merci !) et je voyais que c'était un galactique qui était là. Aujourd'hui, je le sais, je n'ai plus besoin de voir. D'ailleurs, quand je fais des activations ou que j'enseigne, j'ai souvent deux Pléiadiens à mon côté ou derrière moi, la main posée sur mon épaule.

L'intervention de Michaël m'avait un peu déstabilisée : si j'étais entourée à ce point, c'est qu'il y avait un problème. Il se met à communiquer télépathiquement avec moi.

« Tu ne dois jamais toucher à ce genre de fréquences sans protection, c'est pour ça que nous sommes là. »

T'es marrant, j'ai envie de lui dire, ça, ce n'était pas dans le manuel.

« Maintenant vas-y, nettoie. »

Hésitante, je m'approche. Il m'a effrayée. Qu'est-ce que ce truc noir ? Une entité ? Je n'ai jamais vu une chose pareille…

Je me concentre et je nettoie. C'est dégoûtant. Heureusement qu'ils sont tous là, car ce genre de travail, ça ne me plaît pas du tout et je ne suis pas rassurée. Mais pensez-vous qu'ils vont me dire ce que c'est ? Bien sûr que non. C'est cette devinette interminable avec l'invisible. Leur devise : « Fais-nous confiance, on te dira ce que tu dois savoir en temps voulu. »

Finalement, la colonne vertébrale s'éclaircit, je vois Michaël près de moi qui aspire cette masse sombre avec une espèce d'aspirateur géant qui ressemble étrangement à ceux que l'on a dans les stations d'essence pour nettoyer l'intérieur de la voiture.

Surprise ! Les Pléiadiens communiquent avec moi. Ils m'expliquent que ces fréquences bloquaient toute son énergie, emprisonnaient son ADN et le paralysaient. Je ne comprends pas ces histoires d'ADN, mais peu importe. Mon travail est donc de libérer le tout. Une fois la colonne débloquée, on m'incite à la remplir de pétalite, un cristal éthérique auquel je fais appel. La colonne s'illumine ! Magnifique ! Tiens, je sens ma gorge qui gratte, j'ai envie de parler, je parle… Étrangement, je prononce des phrases qui n'ont pas de sens.

Quelques minutes plus tard, je me retrouve seule dans la pièce, et lorsque je « reviens » à moi je prends conscience qu'il y a eu une intervention de leur part ; je ne sais pas quoi penser. S'ils peuvent intervenir, pourquoi m'ont-ils laissée faire ce nettoyage alors que les fréquences étaient si basses ? Est-ce que j'ai attrapé quelque chose quand même ? Ça y est, je retombe dans des peurs qui ne m'appartiennent pas. Emmanuelle ! Arrête de te triturer l'esprit ! Mais, bon sang, quand vas-tu leur faire confiance ?

Le lendemain matin, je suis tirée de mon sommeil par un coup de téléphone. À moitié endormie, je réponds un « Allô ? » d'une voix rauque et j'entends quelqu'un sangloter au bout du fil.

« Allô ? répété-je.

— Qui es-tu ?! Mais qui es-tu ? », me répond une voix que je ne reconnais pas.

Le ton est accusateur, je me sens mal. Mince ! Je sais qui c'est : la femme du mari qui séjourne à l'hôpital. Je panique… Que s'est-il passé ? Qu'est-ce que j'ai fait ?

« Qu'as-tu fait ? me demande-t-elle.

— Heu… »

Je n'ai même pas le temps de répondre qu'elle me coupe la parole.

« Je suis arrivée à l'hôpital ce matin et il était dans son lit à lire le journal ! Il a mangé pour la première fois depuis des semaines, il s'est levé et on a même pu marcher un petit peu ensemble. Les médecins ne comprennent pas ce qui se passe. Je ne sais pas qui tu es, mais ce que tu as fait est incroyable ! Merci, merci, merci ! »

Abasourdie, je ne sais que répondre. Cela me paraît fou ! Ça a marché, Emmanuelle ! Tout s'agite en moi, les limites de mon univers basculent, mes croyances s'entrecoupent, je suis bouleversée par cette expérience. Je ferme les yeux pour écouter la voix de mon cœur. Mon mental est si fort, je sens une résistance monter afin de me ramener dans les confins de la matrice que je viens de fuir, car je dépasse largement les limites de ce qui est recevable.

Assise par terre sur le parquet de mon petit bureau, je tiens mes genoux serrés contre ma poitrine et je me berce d'avant en arrière pour me calmer. Tout en moi se déchaîne, j'ai soif de cette énergie tout le temps, ce n'est pas normal et je le sais. J'ai l'impression de devenir folle. Je me sens si seule. Personne, même pas ma prof, ne peut m'expliquer ce qui m'arrive. Je ne veux plus rien ressentir avec cette intensité, c'est trop fort, trop troublant pour mon humain.

QUE M'ARRIVE-T-IL ?

J'ai l'impression de perdre contrôle et cela me fiche la trouille. J'ai peur, si peur.

HEY ! EST-CE QUE VOUS M'ENTENDEZ ?

MAI 2011

L'ÉVEIL

« Elle est sous le choc, elle est sous le choc !!!! »

Je les sens, ils se précipitent, ils s'affairent autour de moi. Je ne sais pas où je suis, je suis épuisée, je n'arrive pas à bouger mon corps. Je perçois leur anxiété. Ils m'observent et m'encerclent avec amour. J'ai l'impression de flotter, je me sens hyperlégère et ma conscience peine à se concentrer sur ce qu'ils disent. Ah, je dois être aux urgences, me dis-je. Je n'ai plus de force et pourtant mon âme essaie tant bien que mal d'interpréter ce qui se déroule. J'entends des gémissements au fond de la pièce et je perçois la présence d'autres humains qui, comme moi, semblent être « sous le choc ». La même effervescence se produit autour d'eux. Sommes-nous morts ? Et puis de quel choc parlent-ils ? Tout est si étrange, je vois ce qui se passe sans ressentir quoi que ce soit et je perçois des présences, je les entends sans les voir. Je suis fatiguée, si fatiguée, j'ai l'impression que je vais partir.

Je ferme les yeux et je repars dans les recoins de ma conscience. J'ai le sentiment d'être vidée de toute mon énergie. J'en conclus que je suis morte et que l'on essaie de me ranimer. Hébétée, je rouvre les yeux pour entrevoir à nouveau l'espace dans lequel je me trouve lorsque j'entends clairement : « Elle se réveille ! » Je ne comprends pas, mes sens sont engourdis et ma vision est encore floue. Assoupie, il me faut quelques secondes pour m'extirper de cette narcose vibratoire afin de retrouver l'usage de mes sens et je vois des êtres magnifiques qui m'entourent. Ils rayonnent d'une telle lumière ! La pièce est remplie d'ondes mauves, violettes, bleues et ils m'observent tous avec leurs grands yeux bleus.

ILS SONT ABSOLUMENT MAGNIFIQUES !

Celui qui se trouve à ma droite me regarde droit dans les yeux et je suis immédiatement traversée par une vague d'amour immense. Mon cœur va exploser, une fréquence si pure me parcourt, activant la souvenance d'une autre existence. Je reconnais immédiatement la fréquence de celle qui a maintenant mes mains dans ses paumes. Elle est sublime ! Ses cheveux blonds chevauchent ses épaules et elle me toise avec une compassion que je ne saurais décrire. Je ne peux retenir mes larmes tant je suis émue. Oh ! Je la reconnais et à ma reconnaissance elle m'envoie des images de notre vie ensemble. C'est à ce moment que je comprends : je suis sur un vaisseau pléiadien.

Comme un déclic qui a mis du temps à s'enclencher, je reconnais ceux qui m'entourent. Je n'en reviens pas, je les connais tous. Ma famille galactique ! Ma chère famille des étoiles. Mon cœur s'ouvre brusquement au son de cette vibration, et toutes sortes de mémoires, de fréquences d'amour, de compassion et de paix se bousculent dans mon for intérieur. Émue par ces retrouvailles et envahie par toutes ces émotions, je sens les larmes déferler les unes après les autres sur mes joues, libérant toute la douleur de la séparation que ma vie terrestre a endurée. Je ne peux arrêter le flot d'émotions, ces retrouvailles douces-amères réconfortent la partie humaine de mon être qui a tant suscité la validation suivante : je ne suis donc pas folle ! Mon ressenti ne m'avait pas menti, ce quelque chose auquel j'étais connectée, cette puissance vibratoire qui m'avait chamboulée, je ne l'avais pas rêvée, ni imaginée, elle existait bien !

Je viens de retrouver les miens, et le bien-être que je ressens est indescriptible. C'est comme si j'avais soudain accès à un autre moi, un moi tout-puissant. Ma nature vibratoire a pris le dessus et les sens tels que je les connaissais sur Terre ne sont plus la force motrice de ce corps. Comme un ordinateur dont le logiciel vient d'être mis à jour, je navigue sur les ondes télépathiques avec aisance… Quelle nouvelle sensation ! Tout va vite, si vite ! Je me sens libre, libérée de toute contradiction, mon esprit est clair et parfaitement aligné avec mon cœur. Mes pensées sont perçues et honorées par tous ainsi que mes émotions.

Leur excitation est palpable, ils sont si heureux de me revoir. Je reçois leurs ondes vibratoires avec une aisance qui me paraît si naturelle et nous communiquons ainsi, partageant en toute liberté les fréquences qui nous animent.

Je capte la fréquence vibratoire de chaque être et cela ravive les souvenirs de mon existence galactique, cette existence à laquelle mon moi terrestre n'a pas accès. Cette fréquence qui m'a tant troublée, ce sentiment d'être « possédée » par une force que je ne pouvais identifier, c'était donc l'énergie pléiadienne à laquelle je m'étais reconnectée !

Il faut savoir que lorsque nous entrons en contact avec ce type de fréquences élevées notre cœur s'active d'un coup, et l'énergie à laquelle nous avons accès se « fracasse » sur les murs de nos canaux énergétiques, dérangeant tout ce qui est. À ce moment-là, notre système nerveux s'efforce de calculer ce qui est arrivé et le courant est si fort que les signaux que nous recevons sont ceux qui indiquent que quelque chose s'est emparé de nous. Notre chakra cœur étant très activé, il ouvre le portail d'une dimension que nous ne pouvions apercevoir et nous facilite l'accès à une réalité non répertoriée par notre esprit. Comme des âmes à la dérive, nous errons dans les couloirs du quantique le cœur gonflé par ces nouvelles fréquences, nous demandant ce qui nous arrive, ne pouvant ni exprimer ni expliquer ce dont nous « souffrons ».

Cette connexion qui avait transpercé les voiles du temps pour que je puisse y accéder dans ma forme humaine m'avait si profondément secouée que j'avais eu l'impression de devenir folle. C'est elle qui avait favorisé l'aisance avec laquelle je canalisais l'énergie pléiadienne sans pourtant se montrer. Tout s'opérait à partir de mon ressenti et ces fréquences que je ne pouvais maintenir trop longtemps s'étaient propagées petit à petit dans mes cellules à l'insu de mon humain dans le but de revendiquer le taux vibratoire de mon propre corps physique.

C'est en observant ces êtres lumineux autour de moi que je prends soudainement conscience de cette nature galactique qui est la mienne. Je n'ai plus peur. Je suis revenue, je suis rentrée à bon port, quel soulagement ! Du moins c'est ce qu'il me semble, puisque ma conscience vient d'y élire domicile.

« Elle se souvient… », s'expriment-ils à nouveau.

Effectivement, je suis percutée par des visions qui se bousculent l'une après l'autre dans mon champ de vision pour me rappeler le travail auquel je me suis engagée.

« Ai-je échoué ? leur demandé-je. Est-ce pour cela que je suis rentrée ?

— Non », me disent-ils.

Les ressentis succèdent les uns aux autres et je perçois leur inquiétude à mon sujet. Perplexe, je ne comprends pas ; je suis bien rentrée, non ?

« On a eu énormément de mal à t'éveiller !

— Ah, oui, ça je sais !

— Et puis nous ne nous attendions pas à l'impact que cela allait avoir sur toi, on n'avait pas prévu que tu amplifies cette connexion par toi-même. Tu as créé sans le savoir un vortex énergétique puissant capable de susciter une accélération vibratoire non prévue. »

Je ne sais pas quoi dire, je suis tout ouïe.

« De ce fait, nous t'avons ramenée d'urgence sur le vaisseau afin que tu t'éveilles à cette mémoire galactique avec nous, car nous savons le choc que cela peut provoquer à la conscience humaine. Nous avons choisi d'interférer pour ton bien-être mental et émotionnel. »

Je me sens toute bizarre, et, alors que j'essaie d'intégrer ce qu'ils me disent, ils me transmettent télépathiquement l'objectif de mon travail sur Gaia et tout s'accélère dans mon esprit. Ah ! mais je ne suis pas rentrée à bon port comme je le croyais, non, non… Ils m'ont secourue pour que « je ne pète pas les plombs », cependant ce retour « à la maison » n'est que temporaire !

Prise de panique, je hurle :

« Non ! Je n'y retourne pas. S'il vous plaît !!! Je vous en supplie !!! Je ne veux pas retourner sur Gaia !!! »

Soudain, tout défile devant mes yeux, le pourquoi de mon incarnation, le contenu, mon accord, etc.

« Non ! Vous ne pouvez pas me renvoyer, je ne PEUX PAS, je ne VEUX PAS ! »

Je suis absolument dévastée. Je hurle, la douleur que cela engendre m'est insupportable, je ne comprends pas.

Comme un parent qui veille sur son enfant, la Pléiadienne qui se trouve à ma droite prend mes mains dans les siennes, me transmettant un amour et une tendresse que mon cœur a du mal à supporter tant cette énergie est puissante, et me dit :

« Emmanuelle, il faut que tu y retournes, ta tâche n'est pas complétée. Tu ne peux pas rester. Nous ressentons ta douleur, nous sommes désolés de ce que nos retrouvailles provoquent en toi, mais nous n'avions pas le choix, nous étions obligés d'intervenir. Souviens-toi de ce pour quoi tu t'es engagée. Nous veillons sur toi, nous sommes avec toi en tout temps, nous t'aimons et nous nous retrouverons très bientôt.

— Non ! », rétorqué-je hurlant.

Je ne veux pas. J'ai beau m'agripper à elle de toutes mes forces, je sens mon corps se déplacer rapidement et, d'un coup qui me semble violent, je me retrouve allongée au sol, sur le parquet de mon bureau.

Recroquevillée en boule, mon corps secoué par des sanglots et mon cœur écrasé par la douleur, je suis incapable de bouger. Tout est froid autour de moi. Je reste allongée pendant un long moment, j'essaie de me remettre de cette expérience surréelle. Je suis sonnée, complètement assommée et étourdie par ce qui vient de se produire. Je m'efforce de penser et je n'y arrive pas. Ces êtres doux et magnifiques ont laissé une empreinte indélébile. Je suis donc Pléiadienne ? Oui, il n'y a aucun doute. Alors que je réintègre petit à petit ma conscience humaine, les questions se précipitent.

Me suis-je évanouie ? Aucune idée. Suis-je sortie de mon corps ? Peut-être que oui, mais je n'avais pas eu la sensation de naviguer dans le quantique. Non, l'Archange Michaël est venu me chercher, ça je m'en souviens. Il m'a élevée dans ses bras, c'est lui qui m'a emmenée sur le vaisseau pléiadien, j'en suis absolument certaine. Et moi qui disais aux gens que les anges étaient énergie, m'étais-je trompée ou s'était-il matérialisé afin que mon humain le reconnaisse ? Pourquoi Michaël est-il venu me chercher et quel était son rapport avec les Pléiadiens ?

Tant de questions me traversent l'esprit. Je m'évertue à comprendre et à assimiler ce qui vient de se produire. Tout s'est passé si vite ! Et ce feeling sur le vaisseau, ça non plus je ne peux ni le définir ni le prouver, et pourtant il est tout ce qu'il y a de plus réel. Sans hésiter, mon esprit se remémore le vaisseau avec toutes ces lumières et ces visages qui m'avaient entourée. La vibration avait été si intense que je m'étais automatiquement focalisée sur mon ressenti au lieu de chercher à « voir ». Pourtant, je me souviens de leurs yeux et particulièrement de l'amour qu'ils m'avaient fait ressentir.

J'ai déjà eu de nombreux moments de béatitude comme nous en avons tous lors de notre éveil à de nouvelles dimensions lorsque nous nous trouvons en phase d'expansion. Mais cette expérience, c'était autre chose, ce n'était pas un « moment », c'était tout simplement une façon d'« être ». Je ne savais pas que l'on pouvait ressentir quelque chose d'aussi fort émanant d'une personne. Cette énergie provenant du vaisseau et de ses occupants était parvenue à me propulser dans des états de conscience si élevés qu'il m'est difficile de décrire un état vibratoire qui n'existe pas dans la troisième dimension. C'est comme si soudain vous ressentiez une puissance énergétique intarissable en vous. Il y a tant d'amour et de compassion ainsi qu'un sentiment inexplicable d'unité. Il n'y a pas la moindre séparation, car la peur n'existe pas dans cet espace vibratoire. Vous vous sentez choyé, aimé, apprécié, et vous avez conscience de votre essence ainsi que de celle des autres. Cet amour que nous partageons avec nos familles galactiques n'a absolument rien à voir avec l'amour qui nous unit à nos familles humaines. L'un étant une fréquence pure, dénuée de distorsions, et l'autre une énergie caractérisée par sa dualité.

Contrairement aux voyages astraux et aux belles méditations, cette rencontre avait laissé quelques empreintes dans mon champ énergétique actuel et je ressentais cette fréquence quotidiennement comme si mon cœur et mon esprit étaient envahis par une présence qui dorénavant m'habitait. Elle était là, en moi, et je ne pouvais m'en défaire. Avec le recul, j'ai pris conscience de l'importance du choc – pour mon système nerveux et émotionnel – engendré par l'ouverture de conscience qui s'était produite ce jour-là.

J'ai compris aussi que certaines âmes pouvaient « péter les plombs » lorsqu'elles accèdent à leur multidimensionnalité en conscience.

Pourquoi ? Parce que l'on ne peut pas nier l'intensité de ce que l'on a vécu et que l'on cherche désespérément un repère quelconque dans ce monde, une explication. Cette expérience foudroyante avait créé et laissé une empreinte énergétique en moi (c'est une immense activation) que je ne pouvais plus renier, car la réalité dans laquelle j'étais transportée était aussi concrète que celle dans laquelle je vivais tous les jours.

Je n'arrivais pas à faire la différence entre ces deux mondes, car ils sont tangibles et palpables tous les deux ; ainsi, une confusion surgit en moi, m'accablant et générant toutes sortes d'émotions, puisque j'existais physiquement dans cette dimension où ce à quoi j'avais eu accès n'existe pas. Mon esprit essayait d'expliquer et de rationaliser ce vécu, mais cela ne fonctionnait pas car je n'avais aucun repère de cette expérience dans ma réalité quotidienne. Le saut que je venais de faire était un saut quantique. Je finis donc par me sentir très seule et je n'osai pas en parler à qui que ce soit par peur que l'on m'« enferme ».

C'est une chose de se connecter et de canaliser les êtres galactiques, mais c'en est une autre d'être sur leur vaisseau et d'être pleinement conscient de cette expérience. Le sentiment n'est pas le même. Lorsque vous vous connectez et que vous canalisez, vous sentez l'énergie traverser votre corps et vous entrez en résonance avec ces fréquences supérieures. Lorsque vous vivez une expérience comme celle que j'ai vécue, vous devenez galactique, c'est-à-dire que vous ne pouvez plus sentir votre humanité, et cela vous semble tout à fait normal sur le moment. En revanche, lorsque vous revenez à vous dans votre conscience humaine, cela vous effraie parce que votre esprit ne peut pas accepter ce à quoi il n'a pas d'explication, alors qu'il valide l'expérience car il l'a catégorisée comme « réelle », du moins c'est comme ça que je l'ai vécu.

Alors, que s'est-il passé ? J'ai compris des années plus tard que ma conscience avait complètement quitté mon moi humain pour se focaliser sur un de mes « moi » galactiques ; par conséquent, j'ai vécu ces moments intenses en tant que galactique. J'existais en tant que l'un d'eux et ma vie humaine me paraissait très loin. Je ne sais pas comment cela s'est produit et je ne saurais pas comment réitérer cette expérience. En fait, cela ne s'est jamais reproduit à ce point, Dieu merci, car c'est débilitant, et si je n'avais pas eu mon mari et ma fille pour me ramener à cette réalité et m'y ancrer à nouveau, je ne sais pas ce qui serait arrivé.

JE COUPE LE CONTACT

Les semaines qui suivirent ce réveil galactique devinrent de plus en plus difficiles. Noyée dans les réminiscences de mon expérience sur le vaisseau, je fondais en larmes chaque fois que je me focalisais sur ces mémoires. J'étais désemparée et je ne voulais plus être sur Terre. Je voulais retourner sur le vaisseau, voir leurs visages et ressentir leur amour. Je perdais pied dans cette réalité sans pouvoir accéder à l'autre. J'étais perdue dans une marée de ressentis plus forts et fous les uns que les autres.

L'amour que j'avais éprouvé avec les Pléiadiens avait été si réel et si intense que ma vie sur Terre ressemblait à un hologramme, à un simulacre de vie en comparaison. Je me souviens avoir sombré dans le désespoir à l'idée de devoir vivre ici. Je ne voulais pas mourir, mais je voulais partir et je ne savais pas comment. Je sentais que je ne pouvais plus assumer mon rôle sur Terre et cela me faisait peur. Je m'endormais souvent en larmes en les appelant et… Rien. Je ne recevais aucune réponse.

Dans mon esprit, ils étaient venus me chercher et je leur en voulais. Comment avaient-ils pu me faire ça ? Comment me faire ressentir mon êtreté pléiadienne et ensuite me « laisser tomber » comme ça ? Ne savaient-ils pas combien il serait difficile pour moi de gérer cette situation ? Pourquoi ne m'avaient-ils pas laissée tranquille ? Pourquoi moi ? Mes questions restaient sans réponses et cela me mettait en colère. Super ! J'étais réveillée, et alors ? Je me sentais coincée, enfermée et confinée dans les paramètres d'une dimension qui n'avait pas accès à cet amour inconditionnel, et maintenant que mes cellules regorgeaient de ses mémoires étais-je censée continuer ma vie terrestre comme si rien ne s'était passé ?

Avaient-ils oublié que mon esprit humain ne pouvait pas gérer ces nouvelles mémoires qui me hantaient nuit et jour ? Je les aimais, or je leur en voulais amèrement et je ne comprenais pas pourquoi ils m'avaient abandonnée. J'étais en détresse, en désarroi total. Mon corps s'animait de ces fréquences qui, comme des marqueurs indélébiles, adhéraient à mes corps énergétiques, marquant de façon permanente cette rencontre, créant une résonance vibratoire que je ne pouvais ni refouler ni censurer.

Mon cœur s'animait et s'accordait à ces fréquences, mais ma tête n'arrivait pas à suivre. J'avais l'impression d'errer dans une dimension que je ne pouvais ni voir ni toucher, je me sentais unie à cette réalité invisible et ma vie quotidienne, le sol que je foulais et les gens que je côtoyais appartenaient à une autre réalité. J'avais l'impression d'être détraquée, désaccordée, comme un animal qu'on aurait sorti de son habitat. Cela me perturbait et me troublait tant qu'un matin, à bout de ce combat dimensionnel, je pris la décision de couper contact avec tout ce qui avait trait à la spiritualité et à l'invisible. Je le fis pour ma santé mentale et pour le bien de ma famille terrestre. Je ne savais plus ce qui était réel et je ne supportais plus d'être hantée mentalement.

Anéantie par la décision que je m'étais infligée, j'entrepris de vider ma chambre de tous les livres, cristaux, cartes, ainsi que de tout ce qui pouvait me ramener à mon parcours spirituel. Je claquais la porte de l'espace quantique que j'avais si facilement infiltré et coupais les ponts avec le monde spirituel.

NOVEMBRE 2011

LES HATHORS

Éteindre, étouffer ou supprimer notre lumière n'est pas une option.

Notre humain peut prétendre avoir le pouvoir de le faire, mais aucune pression mentale ni tentative d'oubli ne peuvent nous amputer de notre multidimensionnalité. Nous sommes des êtres vibratoires toujours connectés à la Source en tout temps. Lorsque nous renions son existence comme je l'avais fait, elle nous attend patiemment et guette le moment propice pour nous attirer à nouveau dans ses bras. En général, cela s'effectue lorsque nous desserrons le contrôle que nous nous étions imposé. Que cela soit conscient ou inconscient n'a aucune importance ; si notre lumière réussit à s'infiltrer par l'unique fissure que nous lui fournissons et s'achemine vers notre cœur, notre humain est à nouveau activé par cette fréquence élevée et la soif de cette étincelle divine est de nouveau attisée.

Et c'est ainsi qu'un matin de novembre 2011 j'ouvre mes e-mails et je vois une invitation à une méditation de Tom Hathor pour le 11. Je suis immédiatement guidée de m'y inscrire, je sais que ma « grève » touche à sa fin et qu'il est temps de reprendre contact.

Allongée sur mon lit, les écouteurs dans les oreilles, je me laisse transporter par sa voix et mon cœur s'ouvre à nouveau depuis six mois. Je suis émerveillée par cet automatisme soudainement ravivé, je ne peux m'empêcher de sourire et c'est avec joie que je me laisse bercer, emportée par le son des notes vibratoires émises. Soudain réactivée et reconnectée, ma vision explose, réclamant son champ de vision avec une clarté qui me stupéfie.

Elle m'emporte dans un monde nouveau, dans une dimension encore inconnue à mes sens.

Où suis-je ? Oh, Emmanuelle, regarde ! J'aperçois des êtres majestueux d'une stature immense ! Ils descendent les marches d'un temple. On dirait un temple égyptien. Comme ils sont nombreux ! Ils s'approchent de moi et je sens quelque chose dans mon corps bouger. Ça fourmille de partout ! Mes cellules s'activent !

J'ai la tête qui tourne tellement ça vibre et mon cœur s'ouvre… Je suis engloutie dans une marée d'amour. Leur présence dégage un amour si intense – un amour dont je me suis volontairement isolée – que l'effet est d'autant plus puissant, et je me mets à pleurer d'une façon incontrôlable. Je suis ébranlée, leur énergie m'envahit, démantelant les barrières que j'ai soigneusement érigées afin de rétablir toute communication vibratoire et divine en moi.

Ah, ces larmes ! Six mois d'opposition, de résistance, d'obstruction et d'abandon.

L'énergie déambule en moi, mes chakras s'initialisent comme lors d'un redémarrage de programme lors d'une mise à jour de logiciel. Allez ! On réveille tout ce qui a été mis en dormeuse et on libère toutes ces émotions de la prison dans laquelle elles étaient captives.

Avec une compassion que je ne saurais décrire, les Hathors m'encerclent. Je les vois de près, ils ressemblent à ces statues que l'on voit sur les temples égyptiens, ils sont dorés et ils ont des oreilles un peu bizarres. Leur fréquence est si élevée que cela m'assomme, je perds conscience et je reviens à moi trois quarts d'heure plus tard. La méditation est finie, je suis calme, sereine. Je sais que tout a basculé en moi et je me sens à nouveau légère.

Je retrouve ainsi mon cocon multidimensionnel qui m'était si familier, je suis bien, trop bien, or je suis très surprise d'avoir vu ces grands êtres aux allures égyptiennes, car honnêtement cette vision ne corrèle pas vraiment avec l'idée que je me faisais des extraterrestres.

À part les Pléiadiens que j'avais vus, je ne peux pas imaginer des ET si grands ayant l'air de statues égyptiennes. Peut-être ai-je inventé cette vision ? Mes vieilles habitudes reviennent au galop et je décide de faire une recherche sur Internet pour contrecarrer l'insécurité qui s'annonce.

Quelle surprise de constater qu'ils sont dépeints comme ils me sont apparus ! Peut-être me suis-je connectée à la vision collective, ou alors je les vois comme tels ? Peu importe, en tout cas je suis ravie et soulagée de constater que je n'ai rien perdu de ma capacité à voir. Je me souviens d'avoir été très surprise de pouvoir distinguer quelque chose que je n'avais jamais perçu avec une telle précision. Ce fut une sacrée validation et je dois dire que cette expérience enrichit ma façon de me connecter à l'invisible par la suite. Je pris l'habitude de ne pas vouloir savoir quoi que ce soit sur un être particulier avant de me connecter à lui pour ne pas être influencée par la vision collective dépeinte. Pourquoi ? Parce que je voulais m'assurer que ce que je recevais comme vision n'était pas influencé par une photo ou une image que mon mental avait sauvegardée et cataloguée. De plus, chaque personne canalise en fonction de son niveau d'énergie et de conscience, donc les retours sur un même être peuvent considérablement varier.

Je reprends donc mes services d'emblée, comme s'il n'y avait jamais eu de rupture ni de questions. Ma conscience s'était élargie pour faire place à de nouvelles compréhensions. Cette nouvelle « largeur d'esprit » m'avait conduite à une profonde transformation intérieure et, par conséquent, je lâchais prise sur les rancunes et les remises en question pour passer à l'acceptation. Avais-je tout accepté sans réserve ? Non, pas vraiment. Mon ego voulait me le faire croire, mais la réalité était autre. Je suppose que j'étais maintenant prête à l'écoute et j'avais cédé à la voix de mon cœur qui me chuchotait : « Laisse-toi guider sans résistance, peu importe ce qui arrive. » De plus, j'avais appris à accepter ce que je ne pouvais pas contrôler, ce qui, en soi, était un progrès considérable.

À mon grand étonnement, la reprise de mes sessions se fait sans aucune difficulté. Certes, je n'ai pas « revu » les Pléiadiens, mais l'énergie avec laquelle j'étais étroitement liée coule à nouveau en moi comme s'il n'y avait eu aucune interruption. Je prends mon courage à deux mains et j'entreprends alors d'improviser et de me laisser complètement guider sans suivre de protocole. Je pense que c'est à cette époque que j'ai décidé d'abandonner tout ce qui était protocole et d'expérimenter par moi-même. Ce qui me taraudait, c'était ce sentiment de trahison envers le système que j'avais appris, et quelques années plus tard je prendrais conscience que le but de cette modalité avait été d'ouvrir mes canaux et de m'activer, c'était tout.

D'ailleurs, je conseille toujours de s'inscrire à une modalité pour s'initier au travail énergétique, cela donne une base et offre l'opportunité d'expérimenter ce monde vibratoire. Que vous fassiez du reiki ou toute autre méthode de guérison, cela n'a aucune importance ; ce qui compte, c'est de faire quelque chose qui vous fait vibrer. Quand ça vibre, cela montre que c'est juste pour vous. À mes yeux, il n'y a pas une méthode plus performante qu'une autre, en revanche il y a une méthode qui vous conviendra ; vous devrez vous diriger dans cette direction. Ce n'est pas compliqué, ce qui vous convient résulte de ce que vous aimez, par conséquent de ce qui vous fait envie.

On m'a souvent demandé de créer ma propre modalité. J'avoue que j'y ai pensé, et pourtant je n'ai jamais ressenti une résonance assez forte pour le faire. J'ai compris pourquoi il n'y a pas si longtemps. Les modalités telles que nous les connaissons aujourd'hui deviendront obsolètes avec le démantèlement de l'ancien monde, elles s'effondreront et seront remplacées par quelque chose de nouveau, quelque chose qui sera aligné sur les fréquences de la nouvelle Terre. À quoi cela ressemblera-t-il ? Je ne le sais pas. Néanmoins, je pense que plus nous nous éveillerons à notre conscience christique, plus nous serons capables de laisser émaner de nous cette fréquence si pure, et nous pourrons transmuter toute fréquence discordante en conscience. Il n'y aura plus besoin d'apprendre quoi que ce soit. Cela dit, en attendant, je vous encourage à explorer l'espace quantique à votre rythme.

MON TRAVAIL AVEC LES PLÉIADIENS

Et c'est ainsi que mon initiation avec les Pléiadiens débuta. Ma tâche première consista à écouter et à « traduire » leurs conseils en mouvements précis, ce qui me demanda un certain entraînement. Je devais d'une part apprendre à me séparer de toute émotion vis-à-vis de la personne que j'aidais, à me dissocier complètement de tout jugement, et d'autre part réussir à transposer les transmissions de lumière en mouvements exacts et assurés. À mon grand étonnement, cela me vint facilement. Avant chaque séance, alors que je me syntonisais avec la vibration pléiadienne, je devenais entièrement neutre, et c'est dans l'unité de cette fréquence que j'entamais mes sessions.

Accordant mes vibrations à celles des Pléiadiens, je me connectai à l'espace vibratoire de ceux que j'assistais. Petit à petit, je créai ma propre méthode de guérison en fonction de ce qu'ils m'apprenaient. D'abord, ils me montrèrent comment « lire » l'énergie de chaque chakra afin de détecter distorsions et blocages. Cette lecture s'effectua dans un premier temps à l'aide de ma vision et dans un second temps à l'aide de mon ressenti. Il me fallut une certaine période pour m'adapter à cette façon de faire, car je devais apprendre à interpréter avec le plus de vérité possible ce que l'on me montrait. Je ne devais en aucun cas utiliser les filtres de mon esprit et de mes croyances limitantes afin de déchiffrer les messages que l'on me transmettait. Cela me demanda une maîtrise que je n'avais pas encore, celle de ne rien analyser et de tout scanner à l'aide de mon ressenti. Une certaine pratique était nécessaire, car, sans que je le veuille, mon esprit se précipitait pour donner un sens à ce que j'interceptais. Je devais aussi apprendre à utiliser mon ressenti en me détachant de mes pensées par rapport à ce que je distinguais tout en me connectant aux émotions de la personne qui était devant moi.

Ensuite, ils m'initièrent à ce que j'appelle la « chirurgie éthérique ». Je lui ai donné ce nom tout simplement parce que ce qu'ils me montraient me faisait penser à ce qu'un chirurgien entreprend lors d'une opération : inciser, extraire, recoudre. Ils m'expliquèrent que je devais voir le corps éthérique dans son ensemble comme le corps humain et que si j'effectuais un traitement, comme le retrait d'un « objet » tel qu'un implant ou une ancre, je ne pouvais pas simplement l'arracher hors du corps ou faire une apposition de main, je devais opérer. Ils m'apprirent à me concentrer sur le « dispositif » en place, à comprendre ce qu'il était, d'où il venait et/ou pourquoi il était là, puis de procéder à son retrait comme dans une opération chirurgicale. Dans le cas d'ancres, par exemple, elles étaient toujours attachées à une chaîne et je devais tirer sur la chaîne aussi longtemps qu'il le fallait pour atteindre l'ancre elle-même. Une fois à la portée de l'ancre, il fallait réaliser quatre incisions d'une manière assurée pour la déterrer en douceur et sans brusquerie. Ensuite, après avoir suivi leurs conseils (adaptés à chaque âme), je refermais, recousais cet espace avec amour.

Chaque chirurgie éthérique est délicate, car, lorsque vous extirpez quelque chose d'un champ énergétique, cela impacte l'ensemble du champ vibratoire de la personne. Une ancre, comme le nom l'indique, est un objet qui permet à un bateau de se stabiliser à un endroit spécifique. Lorsqu'une personne « s'ancre » à vous, elle se stabilise dans votre champ énergétique et est connectée à vous en tout temps. Au moment où vous extrayez une ancre (la taille est déterminée par le type d'ancrage), vous déstabilisez un réseau énergétique qui a été mis en place par quelqu'un d'autre et c'est en sectionnant cette connexion que vous démontez ce réceptacle. Il s'ensuit une perturbation énergétique affectant les deux personnes. La personne subissant cet ancrage se sent nettement plus légère alors que la personne qui vient de se faire désancrer se sent soudainement déstabilisée. C'est un peu comme si deux personnes tiraient sur une corde avec la même force jusqu'à ce qu'elle soit tendue sur toute sa longueur : si l'une d'entre elles lâche prise sans prévenir, l'autre perdra son équilibre.

Ces premiers enseignements furent suivis par d'autres types de chirurgies plus complexes, toutes en relation avec le processus d'ascension et la connectivité de chacun. J'incisais, je réparais, je reconnectais et je rectifiais. Parfois je devais reconstruire certains canaux amputés afin que l'énergie puisse circuler à nouveau, ou alors remodeler une connectivité particulière. Je me souviendrai toujours de cette jeune adolescente, une empathe qui avait des crises de colère sporadiques. Sa mère avait eu recours à mes services car elle souhaitait identifier la cause de ces crises. En me connectant à elle, je reçus la guidance qu'elle était déconnectée de sa famille stellaire et que cette séparation suscitait un sentiment d'abandon, de frustration et de perdition générant une violence vibratoire qui s'exprimait sous forme de colère dans la matière. Son système nerveux était « disjoncté » et son humain ne parvenait plus à gérer ces émotions soudaines qui déclenchaient en elle cette colère. Les Pléiadiens m'exposèrent ce qui était « brisé » et, à ma grande surprise, lorsque je me mis à « réparer » l'ancrage qui la reliait aux étoiles, elle éclata en sanglots. Âme sensible, elle avait perçu cette altération énergétique et fut soudain reconnectée énergétiquement à sa famille stellaire. Ce genre de « réparation » engendre souvent une ouverture de cœur immédiate, ce qui entraîne automatiquement un bouleversement émotionnel radical. Ce fut un moment très émouvant pour nous deux.

De tels moments me faisaient vibrer. Certes, je ne comprenais pas tout ce que j'accomplissais, mais je ne cherchais plus à expliquer l'inexplicable ; les retours de ceux que j'accompagnais validaient l'efficacité et le pouvoir de ces soins, et cela me suffisait. Aussi, je compris rapidement que j'avais uniquement accès à l'information requise pour le soin ; si je ne recevais pas d'informations supplémentaires, c'est que ce savoir ne me regardait pas. Ce monde quantique me dépassait complètement. Peu importait le nombre de soins effectués, chaque retour me prouvait le pouvoir de guérison de cette énergie. La guidance venait naturellement, car j'étais connectée à partir de mon cœur, et lorsque je pratiquais je ressentais une puissance non humaine m'envoûter, je me sentais dans mon élément comme si j'avais toujours effectué ce travail. Passionnée par ces soins hors du commun, je préparais chaque séance avec rigueur, enivrée par ces fréquences galactiques.

Un jour, lors d'une session, alors que j'allais inciser le thorax d'une personne, je sentis une main m'agripper et me pousser vers l'arrière : « Ne touche surtout pas à ça ! » Perplexe, je m'exécutai, lorsque je vis six êtres de lumière apparaître et travailler sur la personne. Incroyable ! Je ne savais pas qui ils étaient, en revanche je sentais qu'ils étaient étroitement liés à la personne allongée sur ma table de soin. Impressionnée, j'observai attentivement leurs manœuvres en me demandant ce qu'ils faisaient et pourquoi je devais me mettre en retrait. Bien entendu, je ne reçus aucune réponse, et ils disparurent aussi vite qu'ils étaient venus. (J'appris par la suite, que si j'avais été en présence d'une énergie que je n'étais pas encore en mesure de gérer, une intervention galactique aurait lieu.)

À leur départ, je ne savais plus trop quoi faire. J'avais été interrompue dans ma session et voilà qu'une partie du soin avait été réalisée par des extraterrestres ! C'était fou ! Qu'allais-je dire à la personne après le soin ? « Des ET sont venus et ont travaillé sur ton plexus solaire » ?? Perdue dans mes réflexions, je dus me recentrer pour me reconnecter à la personne lorsque je sentis un vent vibratoire me traverser. Mon cœur se dilata immédiatement et je perçus une présence à mes côtés. Jeshua sous sa forme humaine avait pénétré cet espace sacré. Je n'arrivais pas à le croire tellement c'était inattendu, cependant je ne pouvais nier cette fréquence christique qui s'empara de moi en deux, trois mouvements, provoquant une montée de larmes.

Je dois dire ici qu'aujourd'hui sa présence déclenche encore des émotions intenses. En quelques secondes, toute densité disparaît et je suis illuminée par ma propre présence. C'est électrifiant, et pendant de nombreuses années cela m'a perturbée car je ne savais pas comment gérer l'influx des fréquences que sa présence activait en moi ; j'avais l'impression d'être happée dans un vortex énergétique que mon cœur ne pouvait pas soutenir. Entrer en contact avec sa propre lumière est éblouissant, mais aussi perturbant. Nous ne sommes pas habitués à ressentir tant de pureté et d'humilité à la fois. Quand Jeshua nous bénit avec sa présence et sa grâce, tout semble sacré et pur. Je précise aussi que ces rencontres n'ont absolument rien à voir avec la religion. Cet amour qui émane de lui, auquel je ne pourrai jamais rendre justice avec des mots, ne peut être que ressenti. Je sais que ceux d'entre vous qui ont ressenti sa présence savent à quoi je fais référence.

En tout cas, ce jour-là, il avait l'air humain tout comme moi, jusqu'à ce que son corps de lumière s'active soudainement et illumine ma pièce d'une lumière aveuglante. Je n'avais jamais vu de corps de lumière ; quelle expérience !

À l'aide de ses mains, il effectua une guérison sur la personne et quitta la pièce aussitôt, sans rien dire, comme si je n'avais même pas été là. J'étais stupéfaite. La guérison terminée, ma cliente me dit : « Qu'est-ce qui s'est passé ? J'ai ressenti un tel amour ! »

Je me souviens de lui avoir dit du ton le plus nonchalant possible : « Jeshua vous a rendu visite », comme si c'était la chose la plus normale du monde.

Et pourtant, cela devint mon nouveau « normal ». Je dus m'habituer à ces visiteurs occasionnels, la plupart du temps la famille de lumière de mon client débarquait afin de donner une guérison elle-même ou simplement pour se reconnecter à la personne. Jeshua apparaissait pour certaines personnes seulement, parfois accompagné de maîtres ou d'anges. Je ne savais jamais comment ni pourquoi, mais cela n'avait aucune importance. On me communiquait un message uniquement lorsque je devais le transmettre. Je savais aussi intuitivement ce que je pouvais partager avec un client ou pas, cela m'était également communiqué. Je compris que ces êtres avaient la possibilité de participer à ces soins grâce à l'espace vibratoire que je « maintenais ». En fait, je sentais une poussée d'énergie dans mon corps à leur approche et instinctivement je me préparais à l'élévation de mon taux vibratoire. Je ne savais pas quand ils « débarquaient », mais cela n'avait pas d'importance ; il devint coutumier de maintenir cet espace vibratoire pour aider les âmes qui avaient recours à mes soins.

Je dois admettre que cette sensation était incroyable. C'était chaque fois magique et je chérissais ces présences galactiques et angéliques qui intervenaient au nom du moi supérieur de la personne. Parfois même, je voyais le moi supérieur de la personne dans la pièce. Cela s'avérait extrêmement utile, car j'étais témoin en temps réel de la réaction de la personne pendant la guérison. C'est-à-dire que je percevais exactement comment la personne réagissait au soin, ce qui me permettait de voir le niveau de résistance ou d'acceptation. Parfois, certaines personnes se mettaient à vomir des substances noires ; dans ce cas, je savais que ces visions illustraient la densité (les fréquences basses) qu'elles évacuaient. D'autres se mettaient à hurler, à se débattre ; dans ce cas, je ressentais le niveau de résistance. Plus je faisais de sessions, plus j'étendais mes connaissances ; je développais de nouvelles compétences et j'acquérais une meilleure compréhension de l'espace quantique.

Cela dit, l'apprentissage me poussait aussi à affronter mes peurs, mes limites, et à comprendre les choses par moi-même. Certes, les galactiques me guidaient, mais comme dans toute formation l'initié doit être confronté à ses propres résistances, et les expériences qui lui sont présentées sont toujours parfaitement orchestrées pour le faire grandir. Jusqu'à présent, je n'avais pas rencontré de difficultés, et un jour je reçois l'appel d'une amie me demandant une session.

Elle avait laissé un message sur mon répondeur me disant qu'elle n'allait pas bien, sollicitant mon aide. Nous avions déjà fait deux sessions qui s'étaient avérées difficiles pour moi, car elle n'arrivait pas à accéder en elle pour faire le

« travail » nécessaire. C'est-à-dire que, bien que consciente de ses blocages, elle ne ressentait aucune émotion vis-à-vis de ce que je partageais avec elle. De toute évidence, son cœur était « fermé », ce qui l'empêchait de parvenir à son ressenti. Nous en avions parlé ouvertement et je lui avais expliqué que je ne pouvais pas travailler avec elle tant qu'elle n'ouvrait pas son cœur.

« Emmanuelle, aide-moi, s'il te plaît ! m'avait-elle demandé.

— Je ne sais pas comment faire, je n'y arrive pas, c'est au-dessus de mes compétences », lui avais-je répondu.

En vérité, j'étais frustrée, car je n'arrivais pas à l'aider à accéder à son propre ressenti. Notre proximité m'avait permis de lui dire exactement ce qu'il en était en lui proposant d'aller voir quelqu'un d'autre. Et voilà qu'elle revenait vers moi.

Ah non, je ne peux pas, me suis-je dit à l'écoute de son message. Ça ne fonctionne pas, je le lui ai dit, mais pourquoi m'appelle-t-elle quand même ? Je me sentais mal. Perdue dans mes pensées, je perçois un changement vibratoire soudain dans la pièce. Il y a une présence à côté de moi. Je vois Jeshua, il est vêtu d'une longue tunique blanche et il m'apparaît sous sa forme humaine.

Je suis sans voix. Je veux dire quelque chose mais je n'y arrive pas.

« Emmanuelle, chuchote-t-il.

— Oui. »

Je sens mon cœur s'ouvrir.

« De quoi as-tu peur ? me lance-t-il télépathiquement.

— De rien. »

Oh ! le gros mensonge. C'est plus fort que moi, c'est sorti tout seul.

« Alors, pourquoi refuses-tu cette personne ? rétorque-t-il.

— Elle a le cœur fermé, je n'y arrive pas, réponds-je timidement.

— Ah bon ? dit-il avec un sourire. Alors tu abandonnes quand c'est difficile ?

— Ça ne fonctionne pas.

— Est-ce vraiment ce que tu crois ? », m'objecte-t-il.

Aïe ! mon ego prend la poudre d'escampette. Je suis démasquée. J'enchaîne :

« C'est difficile.

— Oui », répond-il.

J'ai envie de pleurer. J'ai honte, je sais où il veut en venir. C'est toujours comme ça quand il arrive. Mon cœur s'ouvre et je ressens toutes mes peurs, toutes mes limitations.

« Emmanuelle…

— Oui, dis-je de nouveau.

— Sois Lumière pour ceux qui ne peuvent pas voir. Sois Amour pour ceux qui ne peuvent pas ressentir. »

Au son de ces mots, mon corps est parcouru de frissons. Je ne suis pas sûre de ce qu'il me demande, mais il y a une résonance profonde avec les fréquences de sa parole. Je ferme les yeux pour accéder à mon cœur qui sait. Une ribambelle d'émotions me traverse. Je laisse ces sentiments de malaise s'exprimer et je sonde, je scrute en moi afin de dénicher la fréquence à laquelle il me demande de m'aligner. Après un temps qui me semble interminable, je l'aperçois au lointain et elle me frappe de plein fouet. C'est alors que mon cœur s'ouvre à une toute nouvelle fréquence : celle de la compassion.

J'appelle mon amie sur-le-champ et je lui propose de venir le lendemain matin. Comme d'habitude, elle s'allonge sur ma table de soin et ferme les yeux. Je mets un peu de musique et je me concentre. Je me connecte aux Pléiadiens et cette fois-ci je sens mon corps picoter. Une vague énergétique s'empare de moi et je suis submergée par une compassion, un amour pour cet être qui est là, devant moi. Je ne perçois plus la personne mais je discerne la brillance de son âme. C'est magnifique et cela me transporte. Il y a comme un déclic en moi, les mots de Jeshua me reviennent et je ressens la perfection de cette âme. Est-ce comme cela que Jeshua nous voit ? Probablement.

J'amplifie cette fréquence, je sens mon cœur s'activer et je commence à scanner. Je sonde, je scrute, je perquisitionne à travers sa toile énergétique. Je note un déséquilibre, l'énergie est bloquée. Je sonde à nouveau en m'approchant de son cœur, il faut absolument que je voie, que je comprenne, que j'accède à ce blocage. Je ferme les yeux et je demande que l'on me montre. Cette fois-ci, ma vision explose et j'entrevois son cœur : il est emprisonné dans un bloc de glace ! Je me recule pour observer de loin, je veux m'assurer d'avoir distingué correctement ce qui s'exhibe à mes yeux. Il n'y a aucun doute, c'est de la glace.

Jeshua est là. Enfin, non, je ne le vois pas, mais je sens sa présence. Je le sens dans mon cœur. Il me guide, me demande de prendre un cristal en pointe. Il est rare que je les utilise pendant une session, or c'est l'outil ultime pour ouvrir un cœur fermé. Je prends le cristal, je dirige sa pointe vers le cœur de mon amie et j'attends. Je dois établir une connexion, je suis un peu nerveuse car je sais qu'il faut que je trouve la cadence exacte de mes mouvements afin de créer une ouverture. Je ne peux pas aller trop vite, ni être trop brusque, ni appliquer trop de pression. Je me sens novice, je sens mon mental s'engager et je le chasse immédiatement.

Ça y est, les *impulses* arrivent. Mes mains s'activent et les mouvements s'enchaînent les uns après les autres. Je regarde ce qui se passe et je me concentre de façon à augmenter et à dilater ma vision. Comme un feu de forêt que l'on allume avec deux pierres, je distingue quelques étincelles de lumière ; le cristal percute la densité qui enrobe son cœur. Je m'applique à ces mouvements qui me demandent une attention particulière.

Mes mains fatiguent. Je regarde de nouveau : il n'y a toujours pas d'ouverture. J'entends un reniflement. Je suis près de son visage et je vois des larmes qui coulent. Ça y est, mon cœur saute de joie, il se passe quelque chose. Enfin ! Je regarde son cœur, il est toujours entouré de sa densité, il n'y a aucune ouverture. Et pourtant, elle a ressenti quelque chose.

Elle revient à elle.

« Oh, Em, me dit-elle en pleurant, je ne sais pas ce qui s'est passé aujourd'hui. Je me sens bousculée émotionnellement, il y a tant de choses qui remontent.

— J'ai vu ton cœur. Ils m'ont montré toute la densité qui le recouvre. C'est énorme et cela explique le fait que tu n'accèdes pas à ton ressenti. Pas étonnant que tu te sois déconnectée. Je veux que tu saches qu'il n'y a rien qui cloche chez toi. Il va te falloir du courage pour faire face à ce que tu fuis ; c'est inconscient mais je suis là pour t'aider. »

Je me souviens avoir employé le mot « densité » sans le comprendre. Il m'était venu comme ça. Autant j'entendais rarement les galactiques – nos conversations télépathiques se bornaient encore à des images que je traduisais pour leur donner un sens –, autant il arrivait que je reçoive un mot de temps en temps.

MAI 2014

MON MONDE BASCULE

Je suis brusquement réveillée. On tambourine à la porte, on sonne. Qu'est-ce qui se passe ? Tiens, mon mari n'est pas rentré. Je regarde sur mon téléphone : il est minuit. Mince ! Il a dû oublier ses clés. Normalement, je l'attends, mais je me suis assoupie.

J'enfile mon peignoir et je dévale l'escalier en courant, je jure après lui : il va réveiller notre fille !

J'ouvre la porte et je me retrouve face à deux policiers. Je suis terrifiée. Mon corps se met à trembler. Je sais.

« Madame Pries ? me dit l'un des deux policiers.

— Mon mari ? lui réponds-je.

— Oui, il a eu un accident de voiture très grave, il a été secouru par hélicoptère. On ne peut pas vous dire comment il va, nous savons seulement qu'il est en vie. »

Le choc. Je perds l'équilibre, un des policiers m'attrape à temps et me conduit dans le salon. Il m'assied. Je tremble et je claque des dents. Je ne comprends pas. Ce n'est pas possible.

« Madame Pries ?

— Oui…

— Votre mari est dans un hôpital à cinq cents kilomètres d'ici. Voici l'adresse et le numéro de téléphone. Madame Pries ? »

Je ne réponds pas, j'ai l'impression que tout s'arrête. Je n'arrive pas à y croire.

« Madame Pries, peut-on appeler quelqu'un pour vous ? On ne peut pas vous laisser seule dans cet état. Avez-vous de la famille ?

— Oui, ma famille est au Canada, la famille de mon mari est à six cents kilomètres. Je n'ai personne que je peux appeler comme ça. »

Je ne m'étais pas rendu compte qu'un des policiers avait sonné chez ma voisine.

« Je suis… désolée, lui dis-je lorsque je la vois.

— Ne t'inquiète pas… », me dit-elle.

Je sens que je perds mes moyens, je n'arrive pas à parler correctement, j'oublie mon allemand et je commence à parler en anglais.

J'entends les policiers lui dire d'appeler l'hôpital pour avoir plus d'informations. Elle appelle, l'hôpital refuse de lui donner des nouvelles. On rappelle ensemble, elle est obligée de parler à ma place.

« Emmanuelle, me dit-elle, Jens est en vie, OK ? Il est stabilisé, c'est tout ce qu'ils peuvent nous dire au téléphone. »

Elle s'assied à côté de moi et met sa main sur mon dos. Elle me parle comme à un enfant. Je m'agrippe à mon peignoir gris pâle à petits points blancs.

Je réussis à balbutier :

« Que s'est-il passé ?

— Selon les témoins, il a perdu le contrôle de sa voiture. On estime qu'il roulait à 180 km/h et il est sorti de la voie d'autoroute, sa voiture a fait trois tonneaux d'avant en arrière. Il est en soins intensifs.

— OK », dis-je en me levant.

Je titube, je regarde les policiers et je leur dis :

« J'y vais.

— Oh ! non, non, Madame Pries, vous n'êtes pas en état de conduire. Allez-y demain matin. »

Je les entends dire à ma voisine : « Ne la laissez pas prendre la route. »

Deux heures plus tard, je suis allongée sur mon lit. Encore cinq heures et je peux prendre la route. Je n'ai pas versé une larme, je n'arrive pas à pleurer. J'ai l'impression que tout s'arrête. J'ai peur, j'ai si peur. Je pense à lui, seul sur son lit d'hôpital. Je ne supporte pas d'être si loin. Souffre-t-il beaucoup ? Est-il conscient ? Ils n'ont rien voulu me dire au téléphone. Et s'il meurt cette nuit ? Et s'il est handicapé mentalement et physiquement ?

J'ai si peur.

Je vais m'évanouir.

Je perds conscience.

Je reviens à moi.

Je respire.

Je perds conscience à nouveau.

Je suis terrifiée, je n'ai jamais eu aussi peur de ma vie.

Oh ! la prochaine vague de peur arrive.

Elle monte, elle monte, elle s'amplifie et se fracasse en moi.

Je ne gère pas. Je perds à nouveau conscience.

Je reviens de nouveau à moi, je me stabilise.

La peur revient, je la sens monter en moi, non, non, je suis absolument terrifiée…

La vague m'emmène et soudainement ma vision s'enclenche. Mon cœur EXPLOSE en mille morceaux ! J'ai l'impression d'être dans une étendue d'eau avec tous ces bouts qui flottent et j'essaie tant bien que mal de tenir ma tête au-dessus de l'eau. Je ne comprends pas. Ces morceaux de cœur sont noirs, il y en a des gros, il y en a des petits et il y a une lumière blanche étincelante qui passe à travers les fissures.

Mon cœur vient de se briser.

Tout d'un coup, ma vie défile et je revis chaque moment où j'ai eu peur comme si c'était aujourd'hui. Je perds à nouveau conscience et cela recommence. J'ai l'impression d'être dans un cauchemar horrible.

Enfin ça ralentit. Où suis-je ? J'aperçois de nouveau les bouts de cœur qui flottent comme des masses noires dans une marée de lumière. Je suis au milieu, j'ai l'impression que je vais couler, étouffer sous toute cette densité. Je comprends soudain que cette masse noire est la densité, ma densité.

D'un coup, je me dédouble. Je ne sais pas ce qui se passe mais je me retrouve dans un espace d'amour, j'entends des voix. Je me sens nettement mieux. J'ai l'impression de vivre une NDE sauf que je ne suis pas morte. Mes guides, les Pléiadiens et le royaume angélique sont tous là. Ils m'entourent.

« Emmanuelle, regarde », me disent-ils. Je vois à nouveau ma vie défiler devant mes yeux avec une clarté, une limpidité qui m'époustoufle. C'est comme un bilan de vie, c'est très bizarre. J'en prends conscience et j'ai l'impression de regarder la vie d'une autre, car je capte tout ce qu'elle a ressenti, je comprends les choix qu'elle a faits et je vois ce qu'elle aurait peut-être pu choisir à la place. Mais, surtout, je vois ce qui la retient, je comprends qu'elle ne sait pas qui elle est, qu'elle ne comprend pas qu'elle est amour, qu'elle est lumière. Pauvre âme ! Sa vie continue de défiler en ligne droite et tout d'un coup il y a une bifurcation brusque.

Je la vois seule la semaine avec sa fille, son mari travaille à l'étranger. Il ne rentre que le week-end. Cela fait quelques années que cela dure. Elle est malheureuse, ce n'est pas la vie qu'elle souhaitait, ce n'est pas ce qu'elle veut. Elle a peur. Elle s'agrippe à cette vie qui n'a plus aucun sens pour elle. Elle veut tellement plus, mais elle ne sait pas comment s'en sortir. Elle erre comme une âme en peine. Elle perd le goût pour les sessions qu'elle fait. Elle sombre. Comment peut-elle se laisser aller comme cela ? Ignorer ce que son cœur lui dit. Elle n'écoute pas son cœur !

« Emmanuelle, on va te montrer quelque chose, me disent à nouveau mes guides. Regarde. »

Et, à une vitesse vertigineuse, mon *blueprint* défile devant mes yeux. C'est le plan que j'ai fait avant de venir. Tout va si vite : je vois des codes, des images, des chiffres, des lignes de temps, des figures géométriques. Je reconnais mon plan. Je vois tout ce que j'avais prévu de faire. Oh, comment ai-je pu me tromper à ce point ? À cet instant précis, je sais avec une confiance inébranlable que c'est la VIE que je suis venue vivre sur Gaia. Mais je me suis complètement plantée !! La bifurcation est immense. L'ampleur de cette vie, sa richesse est énorme. Je suis stupéfaite. Je n'en avais aucune idée ! Les fréquences de ce qu'ils me montrent percutent en moi, je sens un immense déclic comme si quelqu'un me recadrait.

Une puissance s'élève, je me sens forte, prête à affronter ce qui m'attend. Je n'ai plus peur, je sais que tout ira bien.

Je me retrouve soudain assise dans un *roller coaster*. Je vois mes guides ajuster la ceinture de sécurité, ils me disent : « À partir de maintenant, il va y avoir d'énormes changements pour toi. Ça ne va pas être facile, mais tout ira bien. » Je sais qu'ils se réfèrent à mon futur, aux prochains mois à venir et à ce que je vais devoir gérer. Par cette image, je comprends que je vais devoir choisir une nouvelle direction pour m'aligner à ce qu'ils viennent de me montrer. Je me sens libérée, libre de ce poids qui me pesait tant, et pour la première fois depuis longtemps je suis prête à affronter ce qui m'attend avec le courage que je n'ai pas eu jusqu'à présent. J'ai encore peur, mais j'ai confiance. Je m'endors sonnée et épuisée pour me réveiller deux heures plus tard afin de prendre la route.

Par la suite, j'ai compris que cet accident avait été une intervention divine orchestrée pour que je m'aligne d'urgence à mon *blueprint* et afin d'ouvrir nos cœurs. Bien évidemment, je pensais que mon cœur était ouvert, et d'une certaine façon il l'était déjà, mais la lumière ne passait pas, car la densité que je maintenais en moi sans en être consciente bloquait mon évolution. Il fallait donc que mon cœur se brise pour que je me connecte enfin à cette lumière.

Je pourrais vous raconter les détails de ce qui s'est passé ensuite, mais ils n'ont pas d'importance, si ce n'est que cet accident nous a secoués au plus profond de nous-mêmes et a ouvert nos cœurs au point que, lorsque mon mari est sorti de son semi-coma, la première chose qu'il m'a dite est : « Je ne veux plus de cette vie-là. » Je savais exactement de quoi il parlait, car j'en étais arrivée à la même conclusion. Notre mariage de près de dix-huit ans a volé en éclats pour être remplacé par une relation d'une authenticité que nous n'avions jamais connue. Quelques mois après sa convalescence, nous avons échangé nos alliances en or par de nouvelles alliances en platine afin de marquer ce nouveau départ.

Ce fut un nouvel envol dans tous les sens du terme. Nous venions de chercher nos alliances le cœur en fête, et notre vie comme nous l'avions connue jusqu'à présent s'écroulait. Ce que je ne pouvais pas voir à l'époque, c'était que nous étions en train de vivre ce que de nombreuses personnes vivent aujourd'hui : l'effondrement de leurs lignes de temps en vue d'un alignement vibratoire avec des fréquences nettement plus élevées. Lorsque vous rebâtissez votre vie sur des intentions pures et authentiques qui sont en alignement avec votre cœur, vous devez laisser le « vieux » s'effondrer. C'est-à-dire que chaque domaine de votre vie doit être reconstruit sur de nouvelles bases. Dans notre cas, cela a requis une mise à jour complète de nos relations, de nos amitiés, de nos finances, de notre logement… De tout.

Je ne vous dirai pas que tout fut facile, loin de là ; un alignement de cet ordre active toutes vos résistances, car, même si le désir de changement est là, l'implémentation du nouveau ne peut se faire que si vous êtes aligné en vous. Donc vos croyances (inconscientes) qui font blocage à cette mise à jour doivent être démantelées puis transmutées. Votre engagement sera sans cesse testé : « En es-tu sûre,

Emmanuelle ? Est-ce bien ce que tu veux ? » Et puis votre confiance en l'univers vous donnera accès à ce nouveau que vous souhaitez tant.

À l'époque de l'accident, je travaillais déjà sur moi-même et je pensais avoir évacué ma densité ; par conséquent, lorsque mon cœur explosa mettant en évidence TOUTE la densité qui s'était nichée en moi, je compris immédiatement que je venais d'accéder à l'énergie dormante. Certes, je croyais avoir évacué traumatismes et blessures, or je me suis soudainement retrouvée au milieu de ces fréquences ; elles étaient encore là, cristallisées au sein de mes cellules. Ces fréquences correspondaient à toute l'énergie « coincée » dans mon champ énergétique, j'en étais désormais consciente et il me fallait les transmuter.

Transmuter sa densité, c'est ressentir toutes les fréquences liées aux expériences durant lesquelles nous n'avons pas eu le courage ou la possibilité d'exprimer notre ressenti au moment de l'événement. Étant donné que l'énergie est en mouvement constant, lorsque cette énergie (nos émotions) n'est pas exprimée (non ressentie), ces fréquences vibratoires se « cristallisent » alors dans nos canaux. Au fil du temps, elles se solidifient dans notre champ vibratoire et nous ne savons même pas qu'elles existent jusqu'à ce qu'elles soient activées par une personne, un endroit ou encore un événement qui réveille et active cette énergie qui dormait tranquillement en nous. De plus, en tant qu'êtres multidimensionnels, nous sommes aussi connectés à la densité de nos aspects supérieurs et à leurs distorsions respectives.

Dans mon cas, le choc de l'accident avait activé cette énergie, je ne pouvais plus ignorer ce malaise vibratoire qui m'habitait et il m'avait aussi éveillée à la présence de mon moi supérieur qui maintenant était au volant. Les mois qui suivirent furent déconcertants car mon moi supérieur prenait soudain le dessus, et je ne comprenais pas pourquoi je me sentais bien et en paix à un moment donné, puis déprimée quelques minutes plus tard. Dans ma réalité de tous les jours, cela se traduisait par des sauts quantiques constants. Je pleurais une minute car mon mari était hospitalisé, j'avais peur, je ne savais pas ce qui allait se passer et, d'une seconde à l'autre, je planais dans des dimensions élevées, je savais que tout allait bien aller. Je m'étais coupée en deux et, sans en avoir conscience, je faisais des allers-retours vibratoires.

C'est à cette période que les Pléiadiens et les Arcturiens se manifestèrent pour de nouveaux enseignements. Je compris alors que la déchirure de mon cœur avait été nécessaire pour que je puisse accéder au niveau suivant d'apprentissage qu'ils me proposaient. J'avais dû faire moi-même cette expérience avant de pouvoir guider et accompagner ceux qui s'éveilleraient aussi à leur propre densité.

Un enseignement d'un an eut lieu, au cours duquel ils m'apprirent à voir, à ressentir et à identifier la densité chez les autres. Ils me démontrèrent comment lire, déceler et identifier les émotions bloquées dans le champ énergétique d'une personne, le tout avec ma vision et mon ressenti. « Emmanuelle, tu te focalises sur le cœur, me disaient-ils. Tout se passe au niveau du cœur. »

Au début, je ne savais pas comment interpréter les paysages qu'ils m'envoyaient, mais j'appris rapidement à traduire ces images et mon apprentissage consista à faire le lien avec ces points de repère particuliers et les émotions qu'ils représentaient. Par exemple, un volcan était signe de colère. Ensuite, il y avait toutes sortes de volcans : des gros, des petits, des volcans en éruption, des volcans avec de la lave, des volcans avec de la fumée, etc. Plus il y avait de détails, plus j'avais d'information. C'est ainsi que j'appris à reconnaître le type de colère. Était-ce une colère récente ou une colère continue ? Lorsque mon ressenti s'enclenchait, j'avais alors accès à la provenance de la colère. J'éprouvais ce que la personne ne ressentait plus ou ce dont elle n'était pas consciente et je recevais des visions de la vie actuelle de la personne (ou alors d'une vie parallèle), indiquant la provenance de cette colère. Cependant, il y eut de rares cas où je ne pus accéder à cette information. En général, il s'agissait de personnes qui avaient subi un traumatisme tel que leur cœur était hermétiquement fermé. Je n'avais pas idée à l'époque que ces enseignements seraient à la base de mon rôle de guide d'ascension et que, pendant les années qui suivirent, je guiderais et accompagnerais de nombreuses personnes à travers l'identification et la transmutation de leur propre densité.

FÉVRIER 2015

LES ARCTURIENS

Fatiguée, je suis assoupie sur mon lit lorsque j'entends une voix qui me chuchote :

« Emmanuelle, saute !

— Quoi ?

— Saute ! »

Je sens une présence et je reconnais immédiatement la signature vibratoire de cet être : un Arcturien. Je me connecte à lui pour capter ce qu'il me communique. J'entends à nouveau : « Saute ! » Je ne comprends pas et, de toute évidence, il capte mes pensées, puisqu'il enchaîne : « Saute dans une autre ligne de temps. » Ah, je vois, il sent mon insatisfaction, mon malaise. Je ne vais pas bien, je suis dans une situation qui pour moi est sans issue et je ne sais pas comment m'en sortir.

« Sauter, oui, mais comment ? » lui demandé-je. J'ai envie de lui dire : « T'es drôle, comme si je pouvais changer cette situation comme ça, en sautant ! »

Mes pensées émanent de mon champ vibratoire avant que je puisse les contrôler. De toute évidence, il les accueille avec bienveillance et s'empresse de me guider.

Ma vision explose d'un coup et je reçois les images qu'il m'envoie. J'aperçois des centaines de lignes les unes parallèles aux autres. Elles sont rapprochées et je me situe au milieu.

Tout bouge à une rapidité vertigineuse, c'est vivant et ça vibre.

« Mes lignes de temps ! »

J'en ai le souffle coupé. Jamais je n'aurais pu m'imaginer tant de possibilités !

« Oui, tu es dans le moment présent. Maintenant, regarde la ligne sur laquelle tu es, tu vois la couleur ?

— Oui, elle est grise.

— Regarde à ta droite. »

Je jette un coup d'œil rapide car tout bouge et je me rends compte que plus les lignes sont à droite, plus elles sont claires. Celles qui se dessinent à l'horizon brillent, elles sont magnifiques. D'un coup, je comprends. Je regarde à ma gauche et je vois un horizon noir. C'est impressionnant !

« Est-ce que tu comprends que toutes ces lignes de temps sont actives en ce moment, qu'il y a donc des milliers de possibilités qui s'offrent à toi et que pour changer ta situation il faut que tu changes ta fréquence ?

— Euh… oui, mais je ne sais pas comment faire.

— C'est simple, imagine ce que tu aimerais vivre et saute dans une des lignes de temps lumineuses, n'importe laquelle. »

Je m'empresse de sauter.

« Maintenant, tu vas garder cette image en tête et t'ouvrir aux fréquences de cette expérience. Tu es dans une nouvelle ligne de temps, donc à toi d'activer ton ressenti par rapport à cette réalité qui existe déjà. »

Je suis bouche bée. Tout existe, mais c'est fou ! Je l'ai si souvent entendu, et pourtant ce concept m'a toujours semblé inatteignable, mais là je le vois, je le sens. Comme d'immenses spirales parsemées de particules lumineuses, tout bouge constamment, c'est hallucinant.

Je prends mon temps et je me perds dans ce monde quantique où tout existe. Peu à peu les images se précisent et je vois cette réalité qui m'apparaît sous la forme d'une nouvelle situation.

« Que c'est beau ! C'est exactement ça que je veux ! »

Je me baigne dans cette atmosphère de bien-être qui m'envahit maintenant, j'observe ce nouvel univers qui m'entoure et je sens mon cœur vibrer. Je suis excitée, ravie, je me sens si bien dans cet espace.

« Continue à intégrer ces fréquences jusqu'à ce qu'elles fassent partie de toi. »

Avec une facilité qui m'étonne, je me sens vivre cette réalité et je ne perçois plus ce qui oppressait mon cœur il y a vingt minutes à peine. Comme par magie, ma situation actuelle semble s'être évaporée car il n'y a plus aucune trace du malaise qui me peinait.

« Maintenant, tu vas sauter vers la gauche et retourner dans la ligne de temps dans laquelle tu étais tout à l'heure. »

Je saute.

« Beurk !»

L'effet est instantané : je me retrouve dans une purée de pois grise, c'est lourd et je me mets à tousser tant ces vibrations sont denses. Ah non, je ne reste pas ici et je resaute dans la ligne de temps lumineuse. L'Arcturien est déjà parti, je sens le changement vibratoire dans mon champ énergétique qui indique son départ. Mon mental essaie d'analyser, de comprendre ce qui vient de se passer, or il n'y parvient pas.

C'est fou, me dis-je. Je me sens allégée, et bien. Ces vibrations basses qui émanaient de moi il y a vingt minutes se sont volatilisées. Je suis émerveillée et je me demande si je ne rêve pas. Non, ce n'est pas une illusion. Mes pensées ont viré du « ça ne va pas du tout » à « tout va bien dans le meilleur des mondes », je sens un nouvel élan me parcourir et je n'ai qu'une envie : créer, créer avec joie. Pour la première fois, je ressens en moi ce pouvoir, mon pouvoir, et je conscientise que tout est illimité, je le sens et je le sais.

Ce savoir, ces exercices de navigation dans le quantique, ce sont les Arcturiens qui me les enseignent. À l'instar des Pléiadiens qui me guident vers tout ce qui a trait à la guérison, les Arcturiens, eux, m'apprennent tout ce qui a trait à la navigation quantique. Cela se passe avec instructions ou sans explications. La compréhension, c'est à moi de la déduire. Parfois je ne comprends absolument rien, alors je laisse tomber. Je sais que quelque chose m'a été transmis et que la révélation se fera plus tard, ou bien c'est une harmonisation quelconque.

Il y a des moments comme celui où ils m'ont fait sauter de lignes de temps où la compréhension est instantanée. Je sens ce déclic en moi, cette transmutation énergétique qui s'opère sans que je puisse la comprendre. C'est ça, naviguer dans le quantique, c'est être à l'affût de chaque changement vibratoire en soi. Que ce soit un picotement, un chatouillement, une vague de fréquences qui nous parcourt. Il faut être à l'écoute avec son cœur pour capter les nuances vibratoires qui nous envahissent. Cela demande de la pratique, mais avec un peu de patience et d'entraînement tout est possible.

Et puis, un jour, ça clique. Un changement s'opère en nous, c'est ce que j'appelle la « magie du quantique ». Nous passons au niveau vibratoire suivant sans que notre humain intercepte quoi que ce soit, et, comme la mise à jour d'un ordinateur, notre conscience s'élargit, de nouvelles pensées nous assaillent, remplaçant tout ce qui n'est dorénavant plus compatible avec notre nouveau taux vibratoire.

On ne peut l'expliquer, ni le forcer. Cela se fait tout seul, on le sait, tout simplement. Alors au début on n'a pas de mots pour le décrire, mais ce n'est pas important. Ce qui compte, c'est la signature vibratoire de ce que l'on a vécu. Dans l'espace quantique, une fois que l'on a accès à une vibration, elle fait partie de nous. C'est magique ! On peut la retrouver en tout temps.

Les Arcturiens se sont manifestés à moi après mon éveil pléiadien et je ne me souviens plus de notre première rencontre ; ma mémoire humaine ne parvient pas à se remémorer ce premier contact, tout me semble flou aujourd'hui. Je suis consciente que les Pléiadiens ont facilité cette première connexion galactique, ensuite tout s'est fait tout seul. Aujourd'hui, je reconnais immédiatement la présence d'êtres galactiques, et c'est à moi de décider s'il y a communication ou non.

On me pose très souvent la question de savoir quel galactique fait quoi et vers qui se tourner pour quoi. J'ai du mal à répondre à cette question, car toute canalisation ou communication avec les galactiques prend appui sur le taux vibratoire de la personne qui canalise ; il y a donc des milliers de canalisations qui n'ont rien à voir les unes avec les autres pour un même groupe galactique. De plus, ce que chacun reçoit est aligné avec son cheminement (ou plan de vie) et ses aptitudes naturelles.

Dans mon cas, je navigue dans le quantique avec aisance et je distingue les fréquences avec facilité ; par conséquent, les enseignements que je reçois des Arcturiens sont toujours focalisés sur ce qui est fréquence et énergie. Lorsque je fais des activations, des fréquences émanent de moi, c'est ce que je sais faire et ce dans quoi je suis à l'aise. En revanche, je ne canalise pas de messages que j'entends, comme le font de nombreuses personnes. Je reçois tout en vision et en ressenti, parfois j'entends, mais c'est rare, et je dois rapidement décoder et déchiffrer le tout pour que cela soit accessible dans un langage linéaire. J'avoue que je ne me pose pas trop de questions, je prends les choses comme elles viennent, c'est-à-dire que je n'essaie pas de canaliser en *live*, car je ne me sens pas guidée de le faire. Peut-être que cela viendra un jour, peut-être que non, je n'en sais rien.

Si vous souhaitez canaliser, je vous certifie que c'est possible : nous avons tous accès aux galactiques, puisque nous *sommes* les galactiques (oui, je vous expliquerai cela plus tard !), c'est dans notre ADN. Cela dit, faites-le suivant votre guidance, et surtout ne vous perdez pas dans les croyances collectives à ce sujet qui prônent que vous devez être capable de faire ceci ou d'entendre cela. Que vous canalisiez *live*, que vous parliez un langage de lumière ou que vous receviez des messages tous les jours, cela n'a aucune importance et il n'y a aucune exigence, à part une intention pure et un cœur ouvert.

Ce que les Arcturiens m'ont appris, c'est qu'il n'y a pas une façon unique de faire, pas une façon de réceptionner ce qu'ils m'envoient. En revanche, ma façon est unique et a sa place parmi tous ceux qui canalisent. Il est important de conscientiser que si les Arcturiens « frappent » à votre porte, ou si vous vous sentez guidé de travailler avec eux, cela se fera sans aucun problème à condition de vous ouvrir à toutes les possibilités ; cela inclut de partager l'information reçue à votre manière. Le défi, c'est d'innover, de se lancer en suivant sa guidance, et cela nous demande de sortir de notre zone de confort.

Lorsque les Arcturiens s'approchent de mon champ vibratoire, je les reconnais à leur fréquence. Ils vibrent plus haut que les Pléiadiens, leur énergie se manifeste d'abord dans mon cœur pour ensuite envahir mon champ de vision. Contrairement aux Pléiadiens, ce sont souvent les Arcturiens qui m'entourent lorsque je ne vais pas bien. Cela se produit lorsque je m'allonge pour méditer, je les sens, je les vois. Ils ne sont pas grands, ils ont des gros yeux noirs en forme d'amande et je me souviens la première fois qu'un Arcturien s'est approché de moi, j'ai vu son œil en gros plan, cela m'a fichu la trouille ! J'ai eu si peur, sur le coup. Il était si près que j'ai aperçu une sorte de « grille » dans son œil qui bougeait. J'ai eu l'impression qu'il me « scannait ». J'ai compris plus tard que, lorsqu'ils s'approchent comme cela, ils m'envoient des téléchargements. D'ailleurs, lors de leurs activations, mes yeux se mettent à tourner très vite de haut en bas et souvent je vois de la lumière blanche. Avec le temps, j'ai compris que je recevais des fréquences élevées qui m'arrivaient sous forme de lumière et que l'information que cette lumière contenait se révélait au bon moment.

Dans mon cas, je « fréquente » beaucoup leurs salles de « régénération ». Ils m'y emmènent fréquemment ; en réalité, je déplace ma conscience vers leur vaisseau spatial et je me retrouve dans leur salle de régénération. Il se peut que ce nom les fasse rire, mais jusqu'à présent ils ne m'ont pas corrigée et c'est le nom qui m'est venu à l'esprit lorsque je me suis retrouvée dans cette « chambre ». En général, j'y atterris pour des nettoyages intenses, des transmutations énergétiques, ou alors pour des mises à jour et des activations quelconques.

Parfois, je suis assise à mon bureau en train de travailler et j'ai une envie soudaine de m'allonger. Je sais qu'il faut immédiatement que je m'exécute. Dès que je suis prête, je les aperçois, ils s'affairent autour de moi et je me vois dans la chambre de régénération. Je suis souvent allongée sur une table qui ressemble à une couchette. La première fois, cela m'a fait un drôle d'effet car je voyais ce qu'ils faisaient et je le sentais au même moment dans mon corps physique. Imaginez-vous lorsque vous allez chez le médecin : il vous ausculte et vous ressentez ses mains sur votre corps. C'est un peu la même chose : s'ils travaillent sur mon plexus solaire, par exemple, je sens des picotements ou alors des vagues d'énergie ou encore des flashs de lumière à cet endroit, c'est impressionnant ! Eh oui, bien sûr, je ne voulais pas y croire, et cela me fait un drôle d'effet de partager ces moments intimes avec vous, cependant il faut savoir que cela existe, que c'est possible et surtout que c'est à votre portée, si fou que cela paraisse.

Cette nuit, alors que j'hésitais encore à partager cette information avec vous, ils m'ont réveillée à l'heure pour me dire : « Emmanuelle, raconte-leur… » Car ils me poussent aussi lorsque j'hésite. Avec eux, c'est simple : s'ils m'envoient un message à plusieurs reprises et que je l'ignore, ils passent à l'action. Ils interviennent dans ma réalité et cela se manifeste par un malaise énergétique dans le sens où tout bloquera. Je perdrai cette fluidité énergétique, rien ne fonctionnera jusqu'à ce que je décide de mettre en action la guidance qu'ils m'ont maintes fois soufflée.

On parle souvent de libre arbitre ; pour moi, cela se résume à un semblant de libre arbitre. Je suis libre de choisir de passer à l'action ou pas, de suivre ma guidance ou de l'ignorer, ou encore de prendre une autre voie, certes, c'est pour moi l'étendue de mon LIBRE arbitre. Cependant, mon moi supérieur ne me « lâchera » pas et me « ramènera » inlassablement vers la voie qui est la plus alignée avec ce que mon âme avait décidé d'expérimenter durant mon incarnation. Avec le temps, j'ai compris que mes résistances me faisaient passer par toutes sortes de détours sous forme d'expériences insatisfaisantes, alors que, si j'actionnais de façon immédiate la guidance reçue, je montais en flèche et différents horizons plus lumineux les uns que les autres s'ouvraient à moi.

Un jour, alors que je ne vais pas bien, je m'allonge sur mon lit et je les appelle à voix haute. Quelques secondes à peine et je suis transportée dans la chambre de régénération. Ma vision explose et à mon grand étonnement je me dédouble, c'est-à-dire que je suis consciente de l'Emmanuelle humaine sur son lit et de l'Emmanuelle vibratoire sur le vaisseau. Ma conscience est présente dans les deux endroits simultanément et ils commencent à travailler sur moi. Ma gorge me serre, je me mets à tousser si fort que je dois m'asseoir sur mon lit la bouche grande ouverte, comme si j'allais vomir. À cet instant, je vois l'Emmanuelle vibratoire sur le vaisseau qui se tortille, deux Arcturiens la tiennent et elle vomit du noir. Je suis stupéfaite de voir cette masse noire qui sort de moi, c'est dégoûtant et pourtant je sais qu'il est absolument nécessaire que je « vomisse » cette densité. Mon corps physique est secoué par cette densité qui s'échappe de mon champ vibratoire, et mon mental a du mal à croire ce qui se produit là-haut sur le vaisseau. Pourtant, il n'y a aucun doute, un énorme nettoyage est en cours et mon humain en est informé.

Je partage ce niveau de détails avec vous pour vous montrer que tout nous est révélé lorsque nous sommes prêts. Au début, je n'avais pas encore accès à ces informations, néanmoins je sentais qu'il se passait quelque chose, je me sentais libérée, allégée, je me sentais bien après chaque « traitement ». Sachez que ces chambres sont disponibles pour tous ceux qui désirent y accéder et que les Arcturiens vous y attendent. Pas de soucis, vous serez reçu selon votre taux vibratoire et l'information qui vous sera divulguée ou pas sera adaptée à ce que vous êtes en mesure de recevoir. Je vous encourage à vous laisser transporter vers cet espace d'amour et de lumière où la compassion règne pour nous, humains.

DÉCEMBRE 2018

NOUS SOMMES GALACTIQUES

« Emmanuelle, mais tu as de multiples aspects galactiques ! », me dit Lisa Brown durant une session Zoom de groupe. Je sens un rejet immédiat au son de ses mots. Qu'est-ce qu'elle me raconte ? Je suis perplexe : d'ordinaire je résonne avec ses enseignements, mais là ça ne passe pas du tout ! Elle me regarde intensément avec un grand sourire, j'ai envie de disparaître, elle sent mon malaise et, la connaissant, elle ne va pas me lâcher jusqu'à ce que je m'exprime.

Je lâche un petit : « Ah bon ?… » Je ne peux pas faire semblant, cela se lit sur mon visage. Je me sens coincée, mon ego panique, j'ai une grosse boule dans la gorge et j'ai envie de lui dire : « N'importe quoi ! » Mais je n'ose pas. Je sens qu'elle m'observe, je sais qu'elle va aller jusqu'au bout et m'activer jusqu'à ce que le déclic se fasse.

Je suis mal, si mal, je n'y arrive pas. Nous sommes en *live*, il y a quarante personnes qui me voient à travers leur écran, j'ai envie de disparaître sous terre. Je n'arrive même pas à l'écouter, je sens mon corps physique qui bloque, j'ai mal à l'estomac, ah non ! ça ne passe pas du tout. Mais enfin, Emmanuelle, reprends-toi ! me dis-je, énervée. D'un coup, ces mots résonnent à nouveau : « Emmanuelle, tu n'es pas seulement Pléiadienne, tu as un grand nombre d'aspects galactiques.

— Oui, mais je ne comprends pas comment, puisque je me vois Pléiadienne ?

— C'est seulement un de tes aspects. Tu en as un grand nombre comme tout le monde. »

Non. Désolée, ça ne passe pas. Ce n'est pas possible. Je sens mon ego prêt à la contredire.

Elle enchaîne avec douceur : « Écoute, je sais que tu as du mal à le conscientiser et c'est OK, mais tu n'as pas seulement une partie pléiadienne en toi, tu as aussi une partie arcturienne, sirienne, reptilienne, etc. »

Ah non ! Certainement pas. Je ne suis pas reptilienne ! Et puis qu'entend-elle par ces histoires d'aspects ? Je me sens tiraillée, j'ai envie de lui tenir tête et de lui dire que je ne résonne pas avec ce qu'elle vient de me dire. D'habitude je n'ai pas de problème à exprimer mon opinion, même si elle diffère de la sienne ; j'adore nos conversations, mais aujourd'hui quelque chose me retient. Je sens que mon ego a pris le dessus, mon mental va à mille à l'heure, c'est peine perdue. Une fois la conversation terminée, je vais me coucher. Je me tourne et retourne dans mon lit, je suis énervée par ce qu'elle m'a dit. Je suis assez consciente pour me rendre compte qu'elle a immédiatement vu mon blocage et qu'elle a essayé de m'aider, en vain.

Le lendemain, j'appelle une amie qui fait partie du groupe pour lui demander ce qu'elle pense, espérant qu'elle me dise ne pas avoir trop cru à ce que Lisa nous a dit.

« Hey Girl ! me salue-t-elle avec son accent américain. Dis donc, tu lui en as donné du travail, hier soir ! me dit-elle en riant avant que je puisse articuler quoi que ce soit.

— Oui, je sais, réponds-je, gênée, avant d'enchaîner : mais toi aussi tu crois à ces histoires d'aspects ?

— Bien sûr ! me répond-elle.

— Mais comment ça ?

— Je ne peux pas te l'expliquer, je le sais, c'est tout !

— Mais tu ne vas pas me dire que nous sommes Reptiliens, quand même !

— Si, si… Je suis tout à fait consciente de mon aspect reptilien ! Et toi aussi tu as un aspect reptilien.

— Écoute, je ne veux pas entendre parler des Reptiliens. »

Elle se met à rire. « Je sais, me répond-elle avec compassion, mais un jour il faudra que tu te confrontes à cette peur. »

Je sais qu'elle a raison. Rien que la mention de ce peuple galactique me fait froid dans le dos. Suis-je la seule à en avoir peur à ce point ? C'est ridicule ! Je ne comprends pas d'où vient cette terreur. Mon ego s'est tant rebellé quand Lisa m'a dit à un moment donné que j'avais un problème avec les galactiques et que je ne voulais pas accepter certaines choses, je suis sûre que c'est à ça qu'elle se référait.

Cinq semaines plus tard, je me connecte de nouveau à notre appel de groupe et lève la main pour poser une question.

« Ah, tiens, Emmanuelle, me dit Lisa, où en es-tu depuis la dernière fois ?

— Honnêtement, ce que tu m'as dit ne passe toujours pas.

— Oh, je sais, me répond-elle avec un grand sourire.

— Je suis confuse et troublée par les propos que tu as tenus, j'ai du mal à imaginer qu'il y ait plein de parties de moi qui vivent dans d'autres dimensions en même temps. De plus, il m'arrive des trucs bizarres depuis quelques années. »

Je suis assise à mon bureau et tout d'un coup je sens et je vois mon corps changer, je deviens galactique. Je suis en uniforme, parfois un uniforme bleu marine avec des boutons dorés, parfois blanc avec des boutons également dorés. Je ne comprends pas pourquoi je deviens un corps pléiadien dans deux uniformes différents, c'est troublant ! Puis il se passe la même chose avec Jeshua. Je ferme les yeux et je me vois soudain dans son corps. C'est tellement bizarre, je suis en lui, je regarde mes mains, ce sont les siennes ; mes pieds, ce sont les siens. Mais ça veut dire quoi ? Ç'est flippant : je ne suis pas le Christ ! De plus, parfois, je vois un Arcturien ou un Pléiadien dans mon bureau ; il m'observe. Il est assis en face de moi et ne dit rien ! Je sens l'énergie qui change dans mon bureau, c'est trop étrange. Et…

— Laisse-moi t'interrompre ici, me dit-elle avec un petit sourire en coin.

— D'accord.

— Emmanuelle, ce que tu me décris là, c'est ton intégration avec tes aspects.

— Pardon ???

— Oui, ce sont ces parties de toi qui naviguent dans les dimensions supérieures. Tu as plusieurs aspects pléiadiens, d'où plusieurs représentations. Lorsque tu communiques avec un galactique, c'est avec TOI que tu communiques. »

Le déclic se fait instantanément. Comme une mise à jour soudaine, je comprends. Mais oui !

« Donc, quand je parle à un Arcturien, c'est à moi que je parle ?

— Oui, c'est ça, tu parles à une partie de toi qui vibre à un niveau plus élevé et qui a une existence parallèle à la tienne dans une autre dimension.

— Mais alors, pourquoi est-ce que je deviens eux ?

— Parce que tu es en train d'intégrer ta conscience galactique dans ce corps physique. Cela fait partie du processus d'ascension, c'est l'unification de tes aspects plus élevés dans ce corps, c'est pour cela que je vous dis que prendre soin de votre corps et de le détoxifier régulièrement afin de pouvoir maintenir un taux vibratoire élevé pour accueillir ces fréquences. »

Je reste bouche bée tant je suis excitée.

« Et la fusion avec Jeshua, elle consiste en quoi ?

— Ça, c'est l'intégration de ta conscience christique ! »

Je ne vais pas vous dire que je me suis réveillée le lendemain et que je comprenais tout ; non, il m'a fallu quelques mois pour tout intégrer. Lorsque l'on passe des années à croire en quelque chose et qu'en quelques minutes tout s'effondre, il faut du temps à l'humain pour intégrer le nouveau, maintenant qu'il y a de la place. J'ai d'abord passé et repassé en boucle mes rencontres galactiques et je me suis rendu compte qu'effectivement au tout début je voyais un galactique en action et je savais que c'était moi, je l'observais et je ressentais ce qu'il ressentait.

Par exemple, un jour je me retrouve sur un vaisseau pléiadien, il y a effervescence à bord, je me vois dans un uniforme et je crie (télépathiquement) à tous ceux qui sont à bord : « Vite, montez en vibration ! » Alors, dans ces moments, c'est bizarre, car j'ai ma conscience Emmanuelle terrienne qui est aussi active, donc je ne comprends pas pourquoi mon Pléiadien dit cela, et soudainement je ne vois plus personne à bord ! Je vois des Reptiliens qui débarquent, il n'y a personne et ils repartent tout de suite. Puis les Pléiadiens réapparaissent ! C'est là que je comprends : nous nous sommes rendus invisibles. Je suis émerveillée et je n'ai pas le temps de trop y réfléchir, je vois en dehors du vaisseau une énorme explosion, mon cœur se déchire, c'est le choc pour tous ceux qui sont à bord et ma conscience quitte le vaisseau brusquement.

Jusqu'à ce que j'accède en conscience à cette mémoire galactique, je ne comprenais pas ma peur des Reptiliens. Au moment où j'ai vécu cette expérience en conscience, cela a fait tilt. Comment cela s'est-il passé ? Tout simplement en élargissant ma conscience. Il faut vous imaginer que votre conscience divine est énorme, absolument gigantesque. À titre d'exemple, disons qu'elle forme un cercle et que ce cercle est composé de milliers de petits points. Votre incarnation sur Terre est un de ces points. Chacun de ces points a une existence dans d'autres dimensions, et chacun de ces points vibre différemment. Chaque point est un aspect. Lorsque vous êtes sur Terre, votre attention est ici et vous n'avez pas conscience de ce que font vos autres aspects.

C'est comme s'il y avait un vous en France et un autre en Amérique du Nord. Deux vous qui vivent en même temps, mais dont les chemins ne se croisent pas, à moins que l'un n'aille « voir » ce que fait l'autre.

La seule et unique chose qui vous unit en tout temps, c'est votre énergie. Vous pouvez, si vous le souhaitez, capter énergétiquement ce qui se passe dans le champ énergétique de votre autre vous car vous êtes UN, vous êtes connecté en tout temps, même si vous ne le voyez pas. Ce qu'un de vos aspects entreprend affecte le tout. Lorsqu'une goutte d'eau tombe dans une flaque, il y a un effet de réverbération : c'est exactement la même chose avec vos aspects. Ce qui émane de l'un, ce qu'il fait affecte le tout. Heureusement que nous n'en sommes pas conscients, sinon nous deviendrions fous. Pouvez-vous vous imaginer naître en étant conscient de tous vos aspects ? Il y a de quoi se faire interner. Je pense que c'est pour cela que mon éveil a en quelque sorte traumatisé mon humain, car j'ai, sans le savoir, activé ma conscience pléiadienne et je me suis retrouvée vibratoirement dans la « peau » d'un de mes aspects. Du coup, j'ai ressenti ma conscience galactique avec mon humain et j'ai eu l'impression de « disjoncter ». Les fréquences sont bien trop élevées.

Lorsqu'il y a activation ou déclenchement d'une mémoire, cela se produit souvent sans que notre humain s'en rende compte, puisqu'il n'a pas accès directement à son aspect. Cela peut engendrer des peurs, des troubles, des doutes, ou même le sentiment de ne pas être normal. On sent qu'il se passe quelque chose que l'on ne peut pas expliquer. Par exemple, et il m'a fallu remonter la filière pour comprendre, le livre que j'avais lu sur les galactiques en 1999 avait activé la fréquence de mes mémoires galactiques, donc la peur, et j'ai immédiatement été saisie d'émotions fortes vis-à-vis des Reptiliens sans savoir pourquoi. Ce n'est que treize ans plus tard que j'ai eu accès à l'expérience et que tout est devenu clair !

Bien sûr, il n'est pas du tout nécessaire de vivre les expériences que je partage avec vous pour vous unifier avec vos aspects. Ce processus d'unification se fait peu à peu. D'abord, vous communiquez avec votre aspect qui se situe à l'extérieur de vous, vous avez donc l'impression de sortir de votre corps ou de voyager pour vous connecter, et, au fur et à mesure que vous montez en vibration, vous allez intégrer la fréquence de votre aspect en vous jusqu'à ce que l'intégration soit complétée. Le ressenti est totalement différent une fois que l'intégration est effectuée, vous faites un avec votre aspect. Par exemple, lorsque je canalise mon aspect pléiadien ou arcturien, je vais en moi, je le sens en moi quand je me connecte. C'est une nouvelle façon de se connecter, c'est une tout autre sensation.

Maintenant, pour que cette intégration se fasse, il faut qu'il y ait de la place, d'où le besoin de nettoyage et de ce que beaucoup appellent le « travail sur soi ». Vous devez transmuter toute votre densité – par conséquent, toutes les vibrations basses qui se sont cristallisées en vous pour pouvoir monter en vibration et intégrer les fréquences élevées de vos aspects. C'est le plus difficile et souvent ce qui est mal compris. J'accompagne en sessions individuelles de nombreuses personnes qui ont passé des années à travailler sur elles-mêmes et se trouvent désemparées lorsque je leur dis qu'elles ont encore beaucoup de densité en elles. Ce nettoyage est cellulaire et ne peut être effectué qu'en identifiant et transmutant ces fréquences basses qui dorment encore en vous. C'est un travail énorme qui demande du courage et de l'engagement.

Il n'y a, bien sûr, pas que des aspects galactiques, et j'aimerais juste ajouter quelques mots sur l'intégration de notre aspect christique. Dans mon cas, cela fait des années que je fusionne avec Jeshua et je n'ai jamais compris pourquoi, jusqu'à ce que je me rende compte qu'il s'agissait de l'intégration de mon aspect christique. Elle se manifeste à travers lui et, lors de ces fusions, il se passe toujours quelque chose de très fort et de très émouvant qui me chamboule. Je ne sais pas si cela se produit de cette façon pour tout le monde, je n'en parle que très rarement, mais je sais que mon exemple est une façon parmi tant d'autres d'activer l'intégration de la conscience christique. Ayant fréquenté une école catholique à Paris dans mon enfance, je me suis toujours sentie très proche de lui. Pour moi, Jeshua est cet amour inconditionnel.

Bien sûr, il n'est pas question de religion ici, mais cela vaut la peine d'être mentionné car j'assiste encore beaucoup de personnes qui me disent ne pas ressentir cette connexion christique et ne pas réussir à y accéder. Ce blocage découle souvent de leurs croyances et de leurs expériences en matière de religion. Souvent, il suffit d'une activation pour transmuter ces mémoires cellulaires.

QUAND LES DIMENSIONS S'ENTRECOUPENT

À partir du moment où vous évoluez et que vous accédez à votre multidimensionnalité, les « choses » commencent à devenir un peu « bizarres ». Cela est dû à l'expansion de votre conscience, ce qui provoque des petits sauts quantiques. Vous pouvez à tout moment élever ou abaisser votre fréquence vibratoire et accéder à différentes réalités sans que votre humain s'en rende compte. La réalité qui se présentera à vous, pour vous, et celle qui créera votre expérience humaine sera l'expression dans la matière des fréquences que vous émettrez. Puisque cela se fait encore de façon inconsciente, vous ne prendrez pas conscience que vous sauterez d'une réalité à une autre et vous vivrez des moments qui vous paraîtront incompréhensibles.

Pour moi, ces sauts quantiques se sont manifestés dans ma vie de tous les jours par des petites choses qui me semblaient anodines, jusqu'à ce qu'elles se reproduisent et que je ne puisse plus les ignorer. Par exemple, un jour, je mets mon lave-linge en marche, je vois qu'il reste encore cinq minutes, et lorsque je reviens dix minutes plus tard pour étendre mon linge je constate que le cycle se termine dans trente-cinq minutes ! Je me dis que ce n'est pas possible, puisque dix minutes plus tôt la machine indiquait que ma lessive était presque finie. Quelques jours plus tard, je souhaite boire le jus de fruits que j'avais dans le réfrigérateur car j'avais remarqué la veille que ce jus se périmait deux jours plus tard. Quelle surprise lorsque je découvre que la date d'expiration est « reportée » à une semaine plus tard !

PERTE DE MÉMOIRE

Un jour, j'accompagne ma fille en ville pour un rendez-vous chez le médecin. Je la dépose et nous nous mettons d'accord pour nous retrouver à la voiture lorsqu'elle a fini. Je sors de la boulangerie, mes *brötchen* à la main, prête à l'attendre. Tiens, c'est bizarre, je ne trouve pas ma voiture. Je refais la rue de long en large, toujours pas de voiture. C'est étrange… J'aurais pu jurer de m'être garée ici. Je déambule dans la rue pour la quatrième fois, le cœur battant.

Zut ! j'ai dû me garer dans une zone interdite et ils ont embarqué ma voiture. Non, ce n'est pas possible. Mais si, puisque ma voiture a disparu ! Du calme, me dis-je, ta voiture n'a pas disparu, ce n'est pas possible ! Tu vas revenir sur tes pas jusqu'au cabinet médical, une fois de plus.

En m'y approchant, j'entends ma fille crier :

« Maman, mais qu'est-ce que tu fais ! Où étais-tu ?

— Je cherche la voiture, elle a été embarquée ! lui réponds-je.

— Mais de quoi tu parles ? Elle est là ! me dit-elle interloquée.

— Où ça ? lui dis-je, ahurie.

— Ben là !! », dit-elle, me la montrant du doigt.

Je vois la voiture. J'ai envie de rentrer sous terre. Je ne comprends pas.

« Je te jure que je ne l'ai pas vue ! »

Je n'en reviens pas, c'est trop, mais je commence sérieusement à perdre pied dans cette réalité. Suis-je devenue folledingue ?

« Mais, maman, qu'est-ce qui t'arrive ? », me dit-elle doucement.

Que dois-je lui répondre ? Ta mère navigue dans les dimensions supérieures, elle ne voit plus ce qu'il y a dans cette dimension-ci, même si elle passe à côté !

Plus vous élevez votre taux vibratoire, plus vous vous éloignez de cette dimension, mais, puisque votre corps physique habite cet espace linéaire, votre humain continue de vaquer à ses tâches sans que vous soyez nécessairement « présent ». C'est perturbant, car il vous arrive toutes sortes de choses qui vous portent à croire que vous perdez la tête. En vérité, c'est exactement ce qu'il se passe : vous « perdez » littéralement la tête, car vous passez du linéaire (le mental) au cœur (le quantique). Votre cœur et votre corps de lumière sont activés, par conséquent vous ne prenez plus vos repères dans ce qui réside à l'extérieur de vous. Ce monde que vous connaissez, où tout a sa place, est remplacé peu à peu par des bandes de fréquences, des lignes de temps, et l'illimité s'offre à vous.

Par exemple, je ne me souviens plus de conversations, je ne sais plus où je mets les choses et parfois je n'arrive pas à me concentrer pour parler. Cela m'arrive souvent lorsque je fais une activation quantique et que je me prépare. J'élève mon taux vibratoire si haut que lorsque l'activation commence à 20 heures j'ai du mal à m'exprimer verbalement, car je n'arrive plus à « penser ». J'ai quitté le linéaire et je dois faire d'immenses efforts pour me concentrer afin de commenter l'objectif de l'activation. Toutefois, cela ne m'arrive pas tout le temps ; en revanche, si cela se produit, mon esprit se vide et c'est déroutant.

Le jour où je me suis rendu compte que je perdais et que j'oubliais tout, j'ai établi un système dans lequel je mets les choses toujours au même endroit. Mes clés, par exemple, sont dans la serrure de la porte, mon sac à main sur la même chaise, et je me gare constamment au même endroit lorsque je fais mes courses.

JE VIENS DU FUTUR

Un jour, en conduisant, mon troisième œil s'ouvre brusquement et la route devient méconnaissable. Je ne sais plus où je suis (une fois de plus, expansion de conscience) et je m'entends parler à voix haute dans la voiture. D'une voix assurée et enjolivée, je déclare :

« Non mais je suis revenue pour ça ? Regardez ces vieux trucs qu'ils conduisent, c'est quoi cette technologie ! », comme si un autre moi était entré dans mon corps physique à ce moment précis et percevait notre réalité sur Gaia.

Je reconnais cette ligne de temps et je continue à décrire ce qui m'entoure, je suis en correspondance avec un vaisseau galactique. Soudain, mon mental humain s'enclenche (je ne sais pas comment) et prend conscience de ce qui s'opère, alors une excitation sans borne s'empare de moi : je suis hyperexcitée, car je me rends compte que je vis un moment extraordinaire et qu'il va disparaître dans quelques minutes. Je sens ma conscience vaquer d'une dimension à l'autre avec une facilité et à une vitesse qui me dépasse, c'est hors de mon contrôle. Je sais sans aucun doute que je suis du futur et que je suis revenue ici sur Gaia. Je n'en ai aucune preuve, je le sais, tout simplement. J'ai le vague souvenir que j'ai déjà vécu ce moment.

J'avais entendu dire que nous avions vécu cette Ascension et que nous étions revenus pour la vivre en conscience, mais jamais je ne m'étais imaginé en avoir la validation. Aujourd'hui, je ne me triture plus l'esprit pour savoir ce que ces expériences signifient, et je préfère ne pas trop les « analyser » ni les « décortiquer » en détail pour essayer de tout comprendre. Je pense que c'est une des raisons pour lesquelles je ne partage pas ce genre d'expérience, car souvent mon interlocuteur va vouloir me l'expliquer et l'interpréter à travers ses filtres et son savoir. Parfois cela aide, car lorsqu'une personne a déjà vécu une expérience semblable cela rassure, néanmoins la rationalisation de ce genre d'expérience est humaine et donc ce n'est qu'une possibilité parmi tant d'autres. Et puis, ce que j'ai appris, c'est que nos perceptions s'adaptent à notre taux vibratoire. Plus nous maintenons de lumière en nous, plus nous avons accès à de nouvelles « informations », ce qui fait que nos compréhensions deviennent rapidement obsolètes et sont vite remplacées par de nouvelles révélations adaptées à notre taux vibratoire.

En fait, je vis l'expérience et je l'accueille comme elle se présente, si folle qu'elle puisse paraître. Pourquoi ? Parce que je ne sais pas grand-chose. Je pense que je sais, mais en réalité je ne sais pas. Je suis consciente que le voile se lève au fur et à mesure de mes sauts quantiques et cela me donne accès à d'autres réalités. Cela dit, ce monde quantique reste un mystère pour moi malgré tout.

LORSQUE MES ASPECTS SE MANIFESTENT

Un jour, après une séance de canalisation avec les galactiques, je vais dans la salle de bains pour me maquiller. Debout devant le miroir, le mascara à la main, un tintamarre d'origine cosmique me transperce les oreilles et je perds l'équilibre. Ma vision explose sur-le-champ et en un flash de seconde je suis sur le vaisseau, nous venons d'accélérer puissamment. Je me retrouve face au mur de la salle de bains. Hébétée, je me retourne, le mascara à la main : j'ai une ligne noire sur la joue. Je contemple mon visage pendant quelques secondes, m'interrogeant. Que vient-il de se passer ? J'ai du mal à accepter ce que je viens de vivre, car une fois de plus cela défie ce que mon mental peut accepter, or je sais pertinemment ce qu'il vient de se produire : ma conscience s'est subitement déplacée sur le vaisseau où je réside et transbordée de la même manière dans cette réalité. Comment est-ce que cela s'est produit ? Je n'en ai aucune idée et je ne saurais vous dire comment y accéder.

L'idée qu'un de nos aspects galactiques puisse communiquer à travers notre humain me fascine, et pourtant notre moi supérieur le fait constamment. Nous pouvons différencier ce qui nous traverse, ce qui nous anime, si nous y prêtons suffisamment attention. Par exemple, lorsque les gens disent : « J'ai l'impression que ce que je viens de dire ne provient pas de moi », c'est en général l'expression de l'un de nos aspects. Par conséquent, si nous sommes unifiés avec nos aspects galactiques de la même façon, nous devrions être capables de nous voir en tant que galactiques. Bien qu'invraisemblable, cette question me taraudait depuis longtemps. Toujours en quête de validation, je voulais voir, je souhaitais recevoir un signe, même tout petit, de ma présence multidimensionnelle ici sur Terre. Et, surtout, je voulais la VOIR avec mes yeux humains.

Un matin, je me place donc devant le long miroir de ma chambre à coucher et je dis à voix haute : « Qui es-tu ? » en me regardant droit dans les yeux. Je répète cette phrase une deuxième fois, une troisième fois, une quatrième fois, et ainsi de suite. Plus je réitère cette phrase, plus je sens cette commande s'amplifier énergétiquement. C'est alors que des vagues énergétiques se déplacent en un éclair dans mon corps. Enfin, ça bouge ! Et c'est avec envergure que je continue d'amplifier cette énergie.

Soudain, mon visage se dédouble. Comme une photo qui a été prise très rapidement, j'aperçois un contour énergétique autour de mon visage. Ce n'est pas de la lumière, cela ne ressemble pas non plus à une aura, on dirait un hologramme, une image d'ordinateur transparente, et un autre visage dont je ne distingue pas les traits (car il est en mouvement) se dessine, il est superposé au mien.

Je sens intuitivement qu'il faut que je garde le contact avec mes yeux et je me rends compte que cela ne fonctionne que si je me focalise sur un œil. Je choisis donc l'œil droit, que je continue à fixer, toujours en répétant la même phrase. Mon visage disparaît et réapparaît en un flash rapide. Je ressens l'envie soudaine de respirer à pleins poumons et ma respiration amplifie la vision. Plus je respire en me concentrant sur mon intention, plus je vois ! Je suis excitée, fascinée… J'ai quand même un peu peur, car je ne m'attendais pas vraiment à voir quoi que ce soit, et la crainte de disparaître s'empare de moi. « Jouer » avec l'invisible de cette façon requiert beaucoup de confiance, et la mienne se démantelait encore facilement.

Or, ce jour-là, j'étais déterminée à voir et je voulais aller le plus loin possible. Je continue donc à émettre cette commande et mon visage disparaît. Je ne vois que mes yeux. Mon visage réapparaît, disparaît, réapparaît, puis revient jusqu'à ce que mon corps disparaisse et que je ne voie plus que mes yeux dans le miroir et une lumière violette partout. C'est absolument magnifique ! Je suis subjuguée !

Cependant, je fatigue. Cela demande de l'énergie, or je suis consciente que si j'arrête maintenant je n'arriverai peut-être plus à retrouver cet état, alors je continue. Mon corps physique revient, mon visage se reconstruit, l'image toujours holographique se précise. Ce n'est pas Emmanuelle ! C'est un aspect non humanoïde. J'ai la trouille et j'arrête sur-le-champ. En fin de compte, je ne suis pas prête à me voir de cette façon. L'image n'est restée qu'une milliseconde, donc je n'ai aucune esquisse à ce jour de ce visage. J'en conclus quand même que cet exercice n'est pas pour les âmes sensibles.

SHAPE SHIFTING

Avez-vous déjà entendu parler de *shape shifting* ? C'est lorsqu'une personne change de forme. Ce mot a une connotation particulière et j'avoue qu'il m'a toujours mise mal à l'aise, car l'idée qu'un humain se transforme en galactique devant moi ne me séduit pas du tout. Il y a un certain nombre d'histoires dans le collectif autour de ce sujet. Elles sont assez sinistres et je me suis souvent posé la question suivante : est-ce possible ?

Un samedi après-midi, alors que je bois un café dans le salon avec mon mari, il est assis en face de moi et nous parlons de son travail. Il parle, je l'écoute, et tout d'un coup je sens un changement de pression dans mes oreilles. Lorsque cela arrive, je sais qu'il va se passer quelque chose ; soit les galactiques vont se manifester, soit je reçois des codes, des messages, ou tout simplement je vais vivre une expérience multidimensionnelle. Un bourdonnement s'enclenche donc, j'entends toutes sortes de fréquences et la pièce devient floue. Cela m'arrive de temps à autre et en général la pièce disparaît complètement.

C'est exactement ce qui se passe. Le « décor » s'évanouit et je vois mon mari entouré d'un halo de lumière. Son visage disparaît et je ne distingue que ses yeux. Puis son visage réapparaît. Étant donné qu'il ne croit pas à l'invisible, je juge inutile de lui faire part de ce qui se passe et je continue de l'écouter comme si de rien n'était, tout en étant présente pour l'expérience qui s'annonce. Je dois continuer à maintenir ces deux réalités à la fois et cela requiert une forte concentration de ma part. Si je lâche, tout revient à la normale, je le sais et je tiens absolument à voir jusqu'où cela m'emmène. Un minifrisson de peur me parcourt, va-t-il m'arriver quelque chose ? Vais-je disparaître de cette réalité ?

Il continue à parler, parfait ! Mon visage ne trahit pas ce qui se passe en moi. Et puis je vois un autre visage à la place du sien, je n'ai pas le temps de voir qui c'est, un autre arrive et le remplace, et un autre, et encore un autre.

Tous ces visages défilent à une vitesse étourdissante. J'aperçois des êtres humains, des galactiques, toutes sortes de galactiques, certains d'un aspect non humanoïde, et cela dure quelques secondes. Je suis superexcitée par ce que je viens de distinguer, car je sais que je viens de contempler ses aspects multidimensionnels. Comment cela est-il arrivé ? Je n'en ai aucune idée, mais c'est très impressionnant. Je ne sais pas combien de temps cela dure, mais le décor revient d'un coup avec son visage humain tel que je le connais, et tout est à nouveau ordinaire. Il ne s'est rendu compte de rien et je suis fière de moi. Malgré mes réticences, je ne peux pas m'empêcher de le lui raconter plus tard. Sa réaction me surprend, cela l'intéresse, il veut plus de détails. Malheureusement je n'en ai pas.

JE SUIS GALACTIQUE

Je suis sur le vaisseau pléiadien, nous nous déplaçons à une allure vertigineuse, il y a urgence. Revêtue de mon uniforme bleu céleste, je donne des ordres par télépathie. Soudain j'ordonne : « On monte, maintenant ! » D'une seconde à l'autre, la pièce dans laquelle nous nous trouvons est déserte, je ne vois plus personne. Un autre vaisseau semble passer à travers le nôtre et je distingue une fréquence basse, très basse. Je les reconnais et je reste cachée dans les vibrations plus élevées. Invisible à leurs yeux, je les vois passer et repartir. Ils n'ont rien trouvé. Tout va si vite, en un quart de seconde nous redevenons tous visibles et sommes de nouveau à nos postes.

Subitement, il y a une réverbération intense, comme si des ondes extrêmement puissantes faisaient vibrer notre vaisseau. Je ne comprends pas, jusqu'à ce que j'aperçoive une explosion au lointain ! Ce sont les nôtres. Sous l'emprise du choc, je hurle et j'ordonne un retour immédiat au vaisseau mère.

Je reviens à moi, allongée sur mon lit, je me réveille brusquement, il est 1 heure du matin. Me suis-je assoupie ? J'ai le vague souvenir d'avoir fait une méditation guidée et j'ai eu le sentiment que je m'éloignais. Cela m'a fait peur car j'avais l'impression que j'allais m'évanouir. C'était comme si quelque chose me tirait, et puis plus rien.

J'ai du mal à reprendre mes esprits, j'ai le cœur encore inondé par les émotions liées à ce que je viens de vivre. Je me mets à hurler dans mon oreiller. « Non, non ! » Comme si cela venait de se produire à l'instant. Je suis dévastée, je me sens détruite. Les images défilent et se précipitent au sein de mon mental humain qui essaie de donner un sens à ce qui vient de se produire. Avec stupeur je prends conscience que je viens d'assister à la destruction de quelque chose qui m'était très cher et que j'ai perdu de nombreuses personnes que j'aimais.

Était-ce un vaisseau ? Une planète ? Mon humain se demande si je viens d'être témoin de la destruction d'une planète des Pléiades. Y étais-je ? Je n'en sais rien. C'est possible, mais je n'en ai pas la certitude, c'est mon mental qui vérifie, tentant de donner un sens à cette expérience. Je sais qu'il ne faut pas que je me laisse happer par ces pensées humaines, je dois maintenir une certaine neutralité, cela fait partie de mon travail de canal et je me dois de l'appliquer à tout ce que j'expérimente. Si j'ai besoin de savoir, je le saurai en temps voulu. Néanmoins, je me souviens de l'explosion, nous étions tous sous le choc.

Cela fait maintenant quelques semaines que j'ai accès à mes aspects pléiadiens en temps réel. Cela défie tout ce que mon humain peut imaginer, je n'ose pas en parler tant cela paraît fou, dingue. Si mes souvenirs sont bons, ma toute première expérience eut lieu quelques semaines après la reprise de mes sessions. Un jour, je me suis retrouvée dans un uniforme bleu marine avec des boutons dorés et je rentrais de « mission ». Je venais d'arriver sur le vaisseau, prête à rendre compte de ce qui s'était passé. J'ai encore un souvenir très précis du poids que je « portais » sur les épaules. Un sentiment de lourdeur. J'ai la souvenance de mes frères et sœurs galactiques qui m'attendaient avec impatience. Je suis revenue à moi brusquement sans savoir de quoi il s'agissait, et pourtant j'ai l'image d'un homme, grand, blond, et sa conscience était si élevée !

J'avais ressenti toutes ses émotions, capté ses pensées et reçu ses idées comme si elles étaient miennes lorsque j'étais lui. Quand je vis des moments comme celui-ci, il arrive que les fréquences me hantent pendant des jours. Je dois me ressaisir et m'ancrer à nouveau dans cette réalité, car cet amour, l'amour inconditionnel que je ressens, me « frappe » le cœur avec une telle intensité que, une fois que je le ressens en moi, le maintenir devient ma priorité, mon seul objectif.

Ce phénomène se produit au fur et à mesure que notre ADN s'active. C'est alors que nos mémoires s'enclenchent et nous « devenons » galactiques. Chez certaines personnes, le processus se fait peu à peu, chez d'autres (comme dans mon cas), cela se produit brusquement. Au début, vous accédez au ressenti de vos aspects sans vous en rendre compte, et cela engendre des états émotionnels que vous ne saisissez pas (il se produit la chose pour tout autre aspect, vos vies sur Gaia y compris). Ce qui nous impacte particulièrement, ce sont les souvenirs douloureux, par exemple on est envahis d'une détresse soudaine ou alors on ressent une tristesse incommensurable qui nous prend les tripes, et on ne sait pas pourquoi.

Occasionnellement, votre conscience sera à 100 % dans votre aspect galactique, vous « serez » alors galactique, votre humain n'existera plus. D'autres fois, vous aurez l'impression d'habiter deux dimensions simultanément. Vous serez conscient de votre humain et de votre aspect galactique en même temps. Dans ce cas, vous vous sentirez sur Gaia ou alors, comme cela m'arrive souvent, vous vous verrez sur un vaisseau en tant qu'humain en train de discuter avec votre vous galactique. Vous apprendrez à reconnaître votre vaisseau (toutefois, c'est mon expérience). Lorsque je vais sur le vaisseau en tant qu'humain, je me retrouve face à Ashtar et Jeshua. Généralement, Jeshua m'apparaît sous sa forme lumière sur le vaisseau, et sous sa forme humaine lors de ses enseignements.

Pour ceux qui se demandent s'il existe une hiérarchie, oui, il y a une « hiérarchie galactique », si je peux l'appeler comme cela. Pour moi, le terme « hiérarchie » propre à la troisième dimension a une connotation particulière : celle d'une certaine subordination. Toutefois, ce n'est pas du tout cette fréquence qui vibre sur les vaisseaux. Les galactiques se distinguent effectivement les uns des autres par des grades, or cela est directement lié aux rôles qu'ils ont choisis ou qui leur sont attribués selon leur parcours et leur évolution. Il n'y a pas ce concept de meilleur ou de moins bien, et chaque être est honoré de la même manière avec amour et compassion.

La première fois que vous vous retrouvez sur un vaisseau, l'expérience peut être déroutante car elle est souvent vivide pour notre humain, et si vous embarquez avec votre conscience dans cet univers hiérarchique, il se peut que vous confondiez les deux mondes. Nombreux sont ceux qui associent le rôle qu'ils incarnent dans le milieu galactique avec celui qu'ils exercent sur Terre, et ils se disent en « mission ». Aujourd'hui, je crois que ce sont deux lignes temporelles parallèles reliées par notre conscience qui se déroulent en même temps dans deux dimensions distinctes, et mon grade sur un vaisseau n'a absolument aucun impact sur le rôle que je joue ici. Et, pourtant, cette question m'a taraudée pendant longtemps, et j'ai dû faire toutes sortes d'expériences pour en arriver à cette conclusion.

À la recherche de cette vérité, j'ai rejoint il y a quelques années un groupe de personnes qui canalisaient les Arcturiens. Ils connaissaient tous leur nom arcturien ainsi que leur rang au sein de la flotte galactique. Inévitablement, chacun d'entre eux avait aussi un vaisseau qu'il décrivait en détail. Cela me paraissait étrange, car mon expérience en était tout autre, mais pourquoi pas ? Il y avait un côté à la fois envoûtant et infantile. Se voir dans ce contexte, se voir tous ensemble, oui, cela avait un aspect attrayant.

Petit à petit, les ordres ont commencé à découler au sein du groupe. « Au nom des Arcturiens » nous devions faire ceci ou cela, aller ici ou là, et accomplir toutes sortes de tâches. Je n'avais pas un bon feeling. Quelque chose en moi me disait que non, ce n'était pas du tout juste. Je ne reconnaissais pas les fréquences arcturiennes avec lesquelles je communiquais, les Arcturiens ne me parlaient jamais de cette façon, le ton n'était pas le même. J'eus des doutes et, par-dessus tout, je ne comprenais pas d'où ces personnes tenaient ces informations, car, habituée à recevoir, je ne recevais rien de la sorte. Plus le temps passait, plus je prenais conscience que je n'étais pas en résonance du tout avec cette communication galactique, alors j'ai quitté le groupe.

Plus tard, je suis quand même tombée dans le piège des : « Tu as un grand rôle à jouer » ; « Tu ne te rends pas compte de qui tu es » ; « Je vais t'apprendre comment faire ci ou ça », etc. Ces phrases parlaient à mon ego, qui raffolait de l'attention qu'on lui portait. Mon humain, lui, était sous l'emprise de son complice, qui l'avait convaincu qu'il s'agissait uniquement de « comprendre » cette notion de mission. C'est en faisant une expérience douloureuse que je suis sortie de ma torpeur et uniquement par ce biais que j'ai pu voir et comprendre que mon rôle galactique n'avait rien à voir avec mon rôle de Starseed sur Gaia. De plus, j'ai pu démasquer un aspect de mon ego dont je n'avais pas conscience. Comment avais-je pu embarquer dans une histoire pareille ? C'est simple, j'étais en résonance avec ce que l'on me disait, car mon taux vibratoire émettait ce niveau particulier de fréquences ; par conséquent, j'ai attiré cette réalité afin de la vivre.

ON ME CONVOQUE, ON INTERVIENT

Au fil des années, j'ai constaté que plus ma connexion avec les galactiques s'intensifiait, plus ils intervenaient, s'imbriquant soudainement dans ma réalité pour une communication, un message, un partage ou alors une convocation. Un jour, alors que je médite, je vois Ahstar devant moi. Comme je l'ai mentionné précédemment, sa lumière est aveuglante et il vibre si haut que je dois me concentrer pour ne pas perdre le fil de la connexion qui s'établit entre nous.

« Emmanuelle, certaines personnes ont besoin de ton aide, me dit-il télépathiquement. Dans le groupe de personnes avec qui tu travailles en ce moment, certaines sont coupées de leur origine galactique. Je te demande de les reconnecter. Je te guiderai. » Étonnée, je ne sais pas quoi répondre ; c'est la première fois qu'il me demande de faire quelque chose en son nom. Effectivement, je travaillais avec un groupe de montreurs de chemin dont le focus était la communication galactique, et je savais exactement à qui il se référait.

Au moment même où je m'apprête à riposter, je suis « transportée » sur un vaisseau que je ne reconnais pas. La pièce dans laquelle j'existe ressemble à une grande chambre d'hôpital. J'aperçois des rangées de lits les uns à côté des autres, et à ma grande surprise ils sont occupés par des humains.

« Tu vois ces gens, me dit-il.

— Oui. »

Je sens une détresse parmi toutes ces personnes.

« Ils sont tous séparés de leur origine galactique. Leur ADN ne peut être activé. Ils ne peuvent pas ascensionner. »

Quoi ?? Je ne comprends pas. Puis j'entends sa voix dans ma tête : « Oui, il y a eu des interférences et ces personnes ont été coupées de leur connexion galactique, c'est comme si leur ADN avait été atrophié. »

Pourquoi eux et comment, cela ne me regarde pas. Je n'aime pas entrer dans ces énergies, ce ne sont pas les fréquences dans lesquelles je souhaite naviguer.

Le sachant, il poursuit :

« Le choix t'appartient, c'est à toi de décider. »

Puis il disparaît comme il est venu. Ai-je rêvé ? Non, me confirme mon moi supérieur. Mal à l'aise, car ce n'est pas du tout dans mes habitudes d'offrir ce type de réparation, je prends mon courage à deux mains pour demander la permission au groupe de « vérifier » leur connexion et, au cas où elle serait brisée, la permission de la « réparer ». Surprise ! Ils sont tous d'accord. Autant j'avais trouvé cette démarche étrange, autant je me suis rendu compte de l'ampleur de la tâche qu'il m'avait confiée en me mettant au « travail ». Effectivement, de par mes connaissances acquises avec les Pléiadiens, j'étais en mesure d'effectuer cette reliance, et le groupe au complet était déconnecté ! Il n'y a jamais de coïncidences.

Habituellement, je ne suis pas sollicitée pour ce genre de requête, ce n'est pas le type de service que je rends, et il arrive rarement que les galactiques me demandent d'intervenir de cette façon. Mon rôle, bien qu'il évolue, est plus centré sur la transmission de fréquences galactiques, l'accompagnement d'âmes à travers le processus d'ascension et l'ouverture de portails.

Et puis il y a une différence entre une demande et une intervention. Les galactiques étaient déjà intervenus en 2011 lors de ma visite sur le vaisseau, mais cette ingérence était particulière ; loin de moi de m'imaginer qu'ils s'immisceraient régulièrement dans mon travail. Dès l'instant où j'ai commencé à canaliser leurs fréquences pour mes activations hebdomadaires, par exemple, ils arrivaient parfois au dernier moment pour me faire modifier la musique, ils invitaient d'autres êtres à participer, ou encore ils me transmettaient un message non prévu cinq minutes avant que je me connecte à mon audience. Aujourd'hui, je me dois d'être flexible en tout temps, puisqu'une « intrusion » est concevable à tout moment. Avec le temps, je me suis habituée à ce genre d'entremises et je m'y attends. Pour travailler avec eux je dois être connectée, à l'écoute, et capable de transmettre l'énergie au moment même où elle arrive.

Un jour, il y a trois ans de cela, alors que je prépare un atelier en ligne via Zoom sur tout ce qui est énergie et vibrations, ce sont les Arcturiens qui m'assistent dans cette tâche. Je canalise donc toute l'information que je reçois par rapport à ceux qui seront présents, je l'écris et je crée le format de ce cours qui durera à peu près deux heures. Perfectionniste dans l'âme, je veux m'assurer que tout est parfait, et, une fois l'information canalisée, je l'assemble de façon cohérente par écrit.

« Emmanuelle, tu n'as plus besoin de faire ça, il faut que tu sortes du linéaire, maintenant on est là, on te guidera ! interviennent-ils.

— Mais si j'oublie quelque chose ? leur réponds-je.

— Fais-nous confiance, tu seras guidée.

— OK. »

Bien entendu, je fais la sourde oreille et je passe le week-end (l'atelier était un mercredi soir) à tout écrire bien proprement, dans l'ordre, de façon que tout soit parfait. Je m'exerce à « réciter » plus ou moins ce que je vais dire afin que tout soit fluide et consistant.

Mercredi arrive, tout le monde est présent en *live*, je commence à parler et, après une courte introduction, je sens une énergie extrêmement puissante entrer dans ma boîte crânienne et j'ai l'impression qu'on m'extirpe mes pensées.

Je sais immédiatement qu'il y a une interférence et que les Arcturiens en sont à l'origine. Oh, l'angoisse !! Je n'accède plus à mon esprit. Je regarde mes feuilles étalées sur mon bureau, je survole ce qu'il y a d'inscrit mais rien !! Il ne se produit rien !! Techniquement, je suis en mesure de lire, mais la signification des mots m'échappe, je ne n'arrive pas à déchiffrer ni à saisir le sens des phrases inscrites.

Je panique, je balbutie, je ne parviens plus à conférer, j'exprime à mon audience que je soupçonne une intervention galactique arcturienne, je présente mes excuses en déclarant être dans l'obligation de reporter l'atelier à un autre jour. Angoissée, j'éteins ma caméra ainsi que le son afin de me ressaisir. Je hurle à voix haute dans mon bureau :

MAIS EMMANUELLE REPRENDS-TOI !!! BON SANG !!

J'aperçois des messages via le chat qui défilent, des mots de la part des participants qui me font chaud au cœur tant ils sont attentionnés. Prenant mon courage à deux mains, je réactive son et caméra et je leur annonce une remise à jour de l'atelier. Je m'excuse et leur dis qu'avant de les quitter je vais leur parler des énergies du moment.

Je me connecte à l'énergie du moment et je débute. Au bout de quelques minutes, j'enchaîne sur la thématique de l'atelier avec aisance et je conclus deux heures plus tard.

Je n'aurais jamais envisagé que les Arcturiens me bousculent de cette façon, mais je dois avouer que les galactiques ne plaisantent pas. Lorsque vous acquiescez en conscience à votre rôle, vous bénéficiez d'un immense soutien et toute aide vous sera disponible, or vous serez appelé à une évolution accélérée. Ce n'était pas la première fois qu'ils m'informaient de me laisser piloter, sans notes et sans préparation, mais je n'arrivais pas à faire ce saut quantique. Le passage du linéaire au quantique requiert un lâcher-prise colossal et je ne parvenais pas à relâcher le contrôle que j'exerçais. J'ai donc attiré à moi l'expérience de ce que je redoutais le plus : me retrouver devant une audience sans pouvoir articuler quoi que ce soit.

On parle souvent d'intervention angélique, or je n'avais jamais envisagé la possibilité que les galactiques puissent eux aussi intercéder en ma faveur. Alors que nous étions en vacances au pays cathare, je décide un matin d'aller visiter le mont Bugarach en conscience. Je me demande aujourd'hui comment j'ai pu manquer à ce point de discernement et me convaincre que cette escapade était une bonne idée ! Ayant entendu que ce mont était en partie connecté à l'énergie christique et que la présence pléiadienne était importante, il fallait absolument que je satisfasse ma curiosité croissante.

Confortablement assise dehors sur l'herbe, je me concentre et, à ma plus grande joie, j'accède rapidement à l'intérieur de la montagne, qui, paraît-il, est inversée. J'aperçois un vaisseau colossal à l'intérieur, encerclé de galactiques. Tiens, c'est étonnant, me dis-je, je distingue des Pléiadiens, or je ne les reconnais pas. Ils ont un drôle d'air et ne ressemblent pas aux Pléiadiens que je côtoie d'habitude.

Alors que je commence à me sentir légèrement mal à l'aise, je sens une forte emprise, une main ferme m'agrippe.

On m'entraîne hors de cet espace à une vitesse foudroyante et je me retrouve dans l'herbe face à Jeshua. Il est entouré de Pléiadiens. Que se passe-t-il ? Sans un mot, ils disparaissent immédiatement de mon champ de vision. J'ouvre les yeux et prends conscience que mon corps a basculé sur l'herbe. J'ai dû tituber quand il m'a attrapé. Mon mental récapitule ce qui vient de se passer et j'essaie de comprendre. Aucune idée. De toute évidence, je ne devais pas me balader dans cet endroit. Qui étaient ces êtres qui se trouvaient dans la montagne ? Je ne reçois rien, aucune réponse, aucun message.

Le soir, après avoir déposé mon mari à l'aéroport de Toulouse – il repartait en Allemagne pour deux jours –, je suis assise seule sur mon lit et mon mental retourne peu à peu vers les événements de la matinée. Que s'est-il passé ? Je veux une réponse. Les recherches que j'avais effectuées sur Internet sans l'après-midi indiquaient la présence de toutes sortes d'énergies et, à en croire les récits de ceux qui avaient fait l'expérience d'étranges phénomènes, il semblait y avoir une multitude de peuples galactiques dans ce secteur. Je ne peux pas m'empêcher de repenser à ces êtres que j'ai vus et à cet étrange feeling que j'ai eu. La vibration de cet espace m'avait dérangée, elle m'avait semblé froide. Ces êtres avaient un air robotique et pourtant ils ressemblaient à des Pléiadiens.

Je fais ce que je n'aurais pas dû faire (à l'époque, il y a neuf ans de cela, je n'avais pas conscience de mon pouvoir énergétique) et j'y repense. Soudain, je vois un flash de lumière devant moi et une tête d'ET en forme de poire à l'envers grise, avec de gros yeux noirs. J'ai une trouille ! Je sursaute et je ferme les yeux comme si cela allait le faire disparaître. Mais non ! Il me regarde, je suis en sueur tellement j'ai peur et j'invoque tous les anges possibles, toutes les présences apaisantes, rien n'y fait. Je suis terrifiée. Oh, mon Dieu ! c'est un petit gris !!! Que fait-il chez moi ? Pourquoi est-il là ? J'ai si peur !

Mes pensées se bousculent et je comprends. Mais qu'est-ce qui m'avait pris ! Et soudain tout devient clair : c'est d'eux que Jeshua m'a sauvée. Mais je ne les ai pas vus ? Je me calme, l'ET est parti et je sens la présence de Jeshua. Il me parle via la télépathie.

« As-tu compris ? Tu ne dois pas aller fouiner dans des endroits comme celui-ci !

— Oui, mais je croyais que tu y étais ! »

Pas de réponse.

« Et je me sens observée.

Oui, tu l'es. Mais nous sommes là, tu es en sécurité ! »

Je ne partage pas cette expérience pour effrayer qui que ce soit, or il est important de discerner les énergies avec lesquelles nous entrons en contact. Ma courbe d'apprentissage fut très raide car j'étais naïve et je ne me posais pas assez de questions. J'ai dû faire de nombreuses expériences, la plupart que je qualifierais de désagréables, dont certaines se sont répétées cinq à six fois jusqu'à ce que j'atteigne un niveau de vigilance et de discernement suffisant. Au fait, je ne suis jamais retournée « dans » Bugarach, et jusqu'à ce jour je n'ai encore rencontré personne qui puisse corroborer mon expérience.

SE CONNECTER À L'INVISIBLE

Quoi que l'on dise, se connecter à l'invisible est à la portée de tous et il y a une multitude de façons d'établir une connexion, or l'astuce consiste à trouver la méthode qui vous convient le mieux. Avant de vous connecter, posez-vous les questions suivantes : comment est-ce que je reçois l'information ? Par la vision, par l'ouïe, par le ressenti ? C'est d'abord en apprenant à vous connaître, en sachant comment vous captez et recevez l'énergie, que vous aurez le plus de succès.

Si vous n'êtes pas sûr, alors demandez-vous ceci : lorsque je me connecte à l'invisible, quelle est la chose qui se déclenche en premier en moi ? Si c'est le ressenti, par exemple, focalisez-vous sur cette capacité lors de vos connexions. Avec le temps, votre ressenti s'intensifiera et s'amplifiera. Ensuite, la vision et l'ouïe s'enclencheront au moment opportun. Il n'y a absolument aucune bonne ou mauvaise façon de faire, il n'y a que votre façon qui compte. Sachez que votre connexion est unique et qu'elle sera adaptée à vos capacités.

Je rencontre de nombreuses personnes qui souhaitent se connecter et qui, hélas, bloquent leur propre connexion sans s'en rendre compte en voulant à tout prix se connecter d'une façon particulière. Cela ne fonctionne pas. Si vous ne voyez pas encore, pas de problème, cela viendra avec le temps. Et puis, peut-être que la vision ne sera pas votre mode préférentiel de connexion, peut-être que ce sera l'ouïe. Si vous êtes dans un espace d'ouverture plutôt que dans l'attente d'une connexion particulière, votre connexion s'établira rapidement.

On me dit souvent : « Je veux voir comme toi et je n'y arrive pas. » Cela ne me surprend pas, car la pression que vous exercez sur votre humain pour voir est immense. Si votre souhait est de voir, cela se fera lorsque vous aurez lâché prise sur toute attente, toutefois votre vision peut aussi être bloquée par des croyances limitantes dont vous n'êtes pas conscient. Dans mon cas, ma vision a évolué. Il y a quinze ans, je ne voyais rien lorsque je méditais, et puis un jour j'ai vu une couleur, puis une autre. Ensuite, j'ai vu des figures géométriques et de fil en aiguille tout s'est déclenché. Cela a duré des mois ! Avec la pratique, et surtout sans aucune attente particulière, tout s'est déclenché. Je précise : « aucune attente particulière », car c'est le blocage que je discerne le plus souvent chez ceux qui n'y parviennent pas. En fait, vous annoncez à votre univers : « Je veux ça et rien d'autre. » Et si, pour quelque raison que ce soit, vous n'êtes pas prêt à cette étape, vous n'accédez à rien, puisque vous émettez l'intention de ne recevoir qu'une chose.

Pour ma part, je n'entends pas comme ceux dont l'ouïe est développée. Certes, je perçois des mots ou des phrases de temps à autre, mais c'est à peu près tout. Mes points forts sont ma vision et mon ressenti, et je suis convaincue que nous avons tous au moins un point fort, une capacité extrasensorielle développée qui nous ouvre les portes à ce monde qui est en nous. Aussi, la confiance en soi est importante car elle joue un rôle primordial dans votre capacité à vous connecter. Comme je n'en avais aucune au début, j'ai bien mis neuf mois à me connecter au royaume angélique.

Plus vous ferez confiance à votre univers, plus vous vous ferez confiance et plus votre connexion s'établira facilement. De plus, il est impératif que vous vous connectiez à partir de votre cœur, c'est votre portail vers le divin, vers le sacré, c'est là où tout se joue. Là aussi, je rencontre de nombreuses personnes qui n'arrivent pas à établir une connexion, car elles tentent de se connecter à partir de leur mental et elles ne s'en rendent pas compte. C'est normal, je suis aussi passée par là, et lorsque j'ai compris que je devais être dans le ressenti tout s'est ouvert.

Une fois que vous avez décidé d'établir une connexion et que vous êtes dans votre espace cœur, émettez une intention claire et précise de façon à clarifier ceux avec qui vous souhaitez vous connecter. C'est un peu comme dans la matière : vous ne lancez pas une invitation à n'importe qui, vous sélectionnez vos invités ; or c'est la même chose avec l'invisible. Au début, cela est délicat lorsque l'on ne voit rien, que l'on ne ressent rien, on a l'impression qu'il ne se passe rien et on n'a pas conscience des présences qui nous entourent.

Si vous êtes sûr de vous et que vous n'avez pas de doutes, foncez ! Allez-y ! Connectez-vous selon vos habitudes et utilisez vos propres invocations et rituels. En revanche, si vous êtes froussarde comme je l'étais, que vous doutez de vous et que vous n'êtes pas sûr de devoir vous protéger ou pas, je vous invite à lire ce qui suit. Prenez uniquement ce qui résonne en vous et gardez en tête que chaque parcours est unique, et je vous parle ici du cheminement de quelqu'un dont l'apprentissage consistait (entre autres) à surmonter ses peurs, à accepter que l'ombre existe et à transmuter ce qui n'était pas amour.

Donc, si vous débutez, établissez ce que j'appelle des « paramètres de sécurité ». Je n'appelle pas cela de la protection car le mot « protection » sous-entend qu'il y a déjà une peur de quelque chose. Par « paramètres de sécurité », j'entends définir les limites de votre espace sacré en précisant quelles énergies sont les bienvenues et quelles énergies ont interdiction d'entrer à votre espace. Pourquoi ? Parce que, à l'encontre de ce qui se passe dans le physique, si quelqu'un essaie de s'incruster dans votre espace quantique vous ne le verrez pas.

Il est donc important de définir des paramètres afin de déterminer quelles énergies ont accès à votre espace et quelles énergies n'y ont pas accès. Ces paramètres sont des intentions claires et précises que vous émettez lors de votre « rituel » de préparation. J'ai longtemps ignoré cette guidance, car je n'y croyais pas trop jusqu'à ce que je fasse des expériences avec des êtres qui n'étaient pas Amour. Ils étaient lumière, mais pas amour.

J'ai eu du mal à comprendre ce qu'était un être de lumière, car le mot « lumière » est trompeur dans le sens où il annonce quelque chose de beau, de pur, et je ne pouvais pas m'imaginer que des êtres malveillants soient des êtres de lumière. On dit toujours que tout est lumière, soit, je veux bien le croire, mais ma foi décline rapidement lorsque je me retrouve face à un être sans intention pure. Le jour où j'ai compris que chaque être a son propre quotient de lumière, et qu'un être avec 98 % d'ombre et 2 % de lumière est quand même ce que nous nommons « un être de lumière », ma perception a changé complètement. Ainsi, tout être est lumière, même si 98 % de ses intentions ne sont pas pures. Alors, à quoi dois-je faire appel afin de me connecter avec les fréquences les plus élevées qui soient ? À l'amour. L'amour étant l'énergie la plus puissante et la seule qui puisse transmuter quoi que ce soit en lumière.

Puisque je refusais de croire qu'il y avait des êtres malveillants – car, soyons honnête, le déni de l'ombre me rassurait –, j'en ai fait l'expérience. C'était en 2007 et cela s'est manifesté à travers ma vision. Pendant plusieurs mois consécutifs, lors de méditations, je voyais des visages d'êtres que je croyais lumière se défigurer alors que j'étais connectée à leurs fréquences. Imaginez que vous êtes connecté à Jeshua, que son visage se déforme brusquement et se métamorphose pour faire place à un être monstrueux ! Crédule, je faisais facilement confiance, je ne me posais pas trop de questions et donc mon apprentissage fut difficile. De plus, je n'arrivais pas à concevoir l'existence d'êtres ayant l'intention de faire du mal. D'ailleurs, nous en faisons aussi l'expérience dans la matière avec certains êtres humains. J'ai eu de la difficulté à me remettre de certaines expériences tant mon esprit eut de la difficulté à adhérer au fait qu'il y ait des êtres sans conscience. Néanmoins, et je le vois aujourd'hui, le discernement vibratoire n'est pas un luxe, c'est une nécessité absolue.

Ces expériences m'ont conduite à identifier les fréquences de ceux avec qui je souhaitais établir une connexion, puisque ma vision n'offrait pas ce discernement. De ce fait, j'ai dû apprendre à développer et à amplifier mon ressenti de telle façon qu'il devienne mon scanner pour déterminer la nature d'une fréquence. Au début, ce n'est pas facile, car notre esprit va essayer de contrôler notre ressenti. Par exemple, vous souhaitez vous connecter à la fréquence christique et par votre conditionnement vous avez certaines attentes par rapport à cette vibration ; par conséquent, vous « cherchez » sans vous en rendre compte un ressenti particulier, et il peut se passer que vous l'émettiez, que vous l'appeliez à vous avant de prendre le temps de ressentir l'énergie qui est présente. C'est subtil, mais cela arrive.

Pour identifier la fréquence d'une présence, il faut être dans la neutralité la plus totale afin de capter toute subtilité énergétique. C'est pour cela qu'au début il est important de prendre son temps et de ne pas se connecter à la va-vite. Vous pouvez vous connecter rapidement une fois que votre « mémoire » a enregistré la signature vibratoire de ceux avec qui vous vous connectez de façon régulière. Par exemple, je reconnais immédiatement la signature vibratoire de Jeshua, et je me souviens que la première fois qu'Ashtar m'est apparu j'ai cru que c'était Jeshua tant leurs vibrations se ressemblent, et pourtant elles diffèrent l'une de l'autre.

MA COMMUNICATION AVEC LES GALACTIQUES

On me demande souvent comment je communique avec les galactiques et comment je reçois l'information. Bien entendu, une fois de plus, cela s'applique à mon parcours, reflète mes capacités et est nullement l'unique façon de canaliser. Cela dit, si ce partage peut inspirer ou éclairer l'un de vous, vous m'en voyez ravie.

Au cours des douze dernières années, ma relation avec les galactiques a évolué, nos échanges sont devenus fluides et lumineux, et ils se sont affinés pour faire place à de nouveaux moyens de communication. Aujourd'hui, je corresponds principalement avec eux via la télépathie, c'est notre mode d'échange le plus rapide, le plus direct. Nous communiquons à tout moment, n'importe où et n'importe quand. Je reconnais leurs fréquences lorsqu'ils s'approchent de moi et je sais immédiatement qui est à mes côtés. Par exemple, tout d'un coup, je vais me dire : tiens, les Arcturiens sont là, ou les Pléiadiens sont là. Je n'ai plus besoin de voir pour valider leur présence, je les reconnais à leur signature vibratoire.

Au départ, je devais me concentrer, demander, vérifier et valider leur identité. Je me connectais encore aux aspects qui résidaient à l'extérieur de moi. Les ayant intégrés depuis, j'émets tout juste l'intention de me connecter pour que nous fusionnions en conscience. J'incarne la fréquence de mes aspects arcturiens et pléiadiens dans mon corps physique, je suis UN avec eux, je ne ressens plus de séparation.

Lorsque je suis en communication avec les vaisseaux ou avec un collectif particulier, alors je les vois. Ma vision n'est pas toujours claire, ce qui me convient, car lorsqu'elle est amplifiée cela peut devenir trop intense. Il en est de même lorsque je suis présente lors d'un conseil galactique, je distingue ceux qui m'entourent. Si j'enseigne, comme par exemple lors d'une activation, ils sont toujours présents et se manifestent en groupe. Le nombre de « délégués », si je peux les appeler de cette façon, varie et est adapté à la nature de l'activation et au nombre de participants.

Nous communiquons, bien entendu, énormément à l'aide d'images, c'est aussi une forme de langage de lumière. C'est de cette façon que les Pléiadiens ont commencé à correspondre avec moi. J'ai appris à déchiffrer, à ressentir, à retranscrire et à mettre en mots ou à transposer en mouvements comme ce que je faisais lors de sessions énergétiques. Parfois, les mots me manquent pour traduire ce qu'ils me transmettent, simplement parce que les fréquences émises sont si élevées que je n'arrive pas à trouver un terme dans notre vocabulaire capable d'incarner la fréquence que je reçois. Ces fréquences me sont transmises via une *impulse* que je ressens au niveau du cœur, et je dois me concentrer pour canaliser l'essence de ce qui est communiqué afin de le retranscrire. C'est une question d'habitude. Avec le temps, j'ai perfectionné cette compétence, et aujourd'hui je suis capable de parler à quelqu'un, de canaliser des fréquences simultanément et de les retransmettre en temps réel. C'est un peu comme être à l'écoute de deux bandes de fréquences en même temps.

Si je suis soudainement « bombardée » de fréquences, je dois alors interrompre tout travail linéaire afin d'être 100 % présente dans cet espace quantique. J'emploie souvent la phrase : « Les Arcturiens me disent » ou « Les Pléiadiens me disent », or ils ne parlent pas, ils m'envoient des flashs de lumière remplis de renseignements que je déchiffre sur-le-champ. Lors de ces flashs, je les sens entrer dans mon cerveau multidimensionnel, ils arrivent ponctuellement et soudainement. Dans ces moments-là, j'ai l'impression de « perdre la tête » et j'ai le sentiment que mon cerveau humain ne fonctionne plus. Au début, je trouvais cela déstabilisant, à présent j'accueille.

Lorsqu'ils me transmettent des mises à jour énergétiques, je reçois souvent une vision accompagnée d'une fréquence dont la puissance indique l'intensité du message. Par exemple, lorsqu'ils souhaitent que je distribue un message, ils me montrent une ligne de temps, comblée d'images, de métaphores ou de descriptions de façon que je comprenne leur message. Ensuite, ils me font tout ressentir pour que je canalise l'essence de ce partage. Ils me guident tout au long de la transmission écrite en me faisant écrire et réécrire certaines phrases jusqu'à ce que les fréquences qu'ils désirent communiquer émanent de la vibration des mots.

L'objectif est uniquement de « faire passer » une vibration particulière à un moment donné. Certes, les mots portent cette vibration et ce sont eux qui activent, néanmoins mon travail se focalise sur la retranscription de cette fréquence dans la forme la plus pure et la plus fluide qui soit. Je peux passer parfois trois heures à écrire un simple texte, car je relis chaque phrase en écoutant vibratoirement ce qui émane des mots. Si je devais comparer ce processus en termes linéaires, je vous dirais que c'est comme lorsque vous entendez une fausse note. Je cherche les fausses notes et quand je les trouve je dois les corriger. De plus, pour certaines phrases, ils me montreront la réaction de gens qui me liront à l'avance et je recevrai des *impulses*. « Ajoute ça, sinon ils ne comprendront pas, explique-leur ceci car ils ne savent pas, etc. »

Il arrive aussi qu'ils s'insinuent lors d'une de mes méditations pour m'envoyer un message ou une mise à jour. Lors de ce genre d'interruption, ils me font « vivre » le message, c'est-à-dire que je vis une expérience émouvante qu'ils me demandent de retransmettre. En fait, ils ne me demandent pas, je sais qu'il faut que je la retransmette, je sais pourquoi et je sais aussi ce que cela active chez ceux qui me liront, puisque je viens de le vivre moi-même. Si je ne le fais pas au moment où je reçois l'information, ce qui m'est déjà arrivé, les fréquences disparaissent et je n'y ai plus accès.

Lorsque je faisais des sessions énergétiques à distance, ce que je ne fais plus aujourd'hui, ils m'exposaient les lignes de temps de la personne, je les voyais défiler comme des portails à une allure vertigineuse et l'une s'arrêtait pile-poil devant moi. Je savais que cette ligne de temps était celle qui était liée à la problématique de la personne que j'accompagnais. Je me suis rendu compte qu'ils me montraient ce dont j'avais besoin et que, si je posais une question à laquelle il n'y avait pas de réponse, cela signifiait que la personne n'était pas prête à la recevoir ou que cette information n'était pas indispensable à son évolution. Ils me signalaient aussi ce que je devais dire et ne pas dire. Souvent, cela était lié au niveau de conscience de la personne et à sa capacité de recevoir des informations multidimensionnelles.

Après, il y a aussi les mises à jour énergétiques de ma personne. En général, ce sont les Arcturiens qui me « convoquent » pour des mises à jour. Disons que je suis à mon ordinateur en train d'écrire, je vais soudain avoir un désir irrépressible de m'allonger et je dois m'exécuter. Si je ne le fais pas, j'ai l'impression que je vais m'endormir sur-le-champ, c'est un drôle de feeling. Dès que je m'allonge, je les vois, ils sont là et ils s'affairent autour de moi. Souvent, je sombre immédiatement dans un état méditatif profond, parfois, j'ai l'impression de perdre conscience et de me réveiller trente minutes plus tard. D'autres fois, je me vois en « double », c'est-à-dire que je perçois mon corps éthérique dans un autre espace et je peux observer en temps réel ce qu'ils font. La plupart du temps, je ressens leurs mouvements au même moment à travers mon corps physique. Si je ne vais pas bien et qu'ils « rectifient » quelque chose, je sens un bien-être m'envahir comme si j'avais reçu un soin. Ce sont de sacrés thérapeutes !

Quant aux transmissions, elles arrivent à tout moment, n'importe quand. Elles s'annoncent soit par un bourdonnement d'oreilles intense, soit par des battements d'œil répétitifs, ou alors le soir au moment de m'endormir je reçois des flashs de lumière suivis par le mot « transmission », ou alors des flashs de leur visage se manifestent pour que j'identifie la source de cette diffusion. Ces derniers temps, ils me réveillent souvent la nuit pour que je prenne des notes ; or, si je suis trop fainéante pour me lever et les écrire, le lendemain je n'ai aucun souvenir de ce qu'ils m'ont dit.

MON TRAVAIL AVEC LES GALACTIQUES

Travailler avec les galactiques est un travail de cœur. J'ai toujours l'impression de me vider de mon humanité afin de devenir un récipient de fréquences supérieures. Ces fréquences ne m'appartiennent pas, elles me sont confiées afin d'être transmises à toute autre personne et je les réceptionne à des fins différentes. Que je fasse une activation ou que je crée un cours en ligne, je reçois toujours en fonction de ceux qui accueilleront l'enseignement ou la transmission vibratoire.

Dans le cas de la création d'un cours, par exemple, je réceptionne ce que j'appelle des *news flashs* et cela se manifeste par des visions accompagnées de battements de cœur. Ma réaction est toujours la même, je suis envahie par une excitation sans bornes, et je me dois de faire une pause pour ressentir cette fréquence. Je comprends que je viens d'accéder à une ligne de temps et que c'est à moi de décider si je m'y engage ou pas.

Si je suis ambivalente, ils m'enverront des signes sous d'autres formes : cela peut être une vision, une personne qui me parle du même sujet, quelque chose que je lis, ou encore ils reviennent dans mon champ vibratoire et c'est à moi d'être à l'écoute et de ne pas les « louper ». Comme je suis têtue, et ils le savent, s'il y a quelque chose d'important que je dois absolument transmettre, ils se débrouilleront pour que je les entende, quitte à me réveiller en pleine nuit. Si jamais je suis prise dans un vortex énergétique bas, ce qui arrive, ils doivent attendre que j'en sorte, car mon cœur est alors fermé et il m'est impossible de canaliser leur fréquences.

Lorsque j'accepte, c'est-à-dire que j'opte pour la ligne de temps en question, c'est parti. Le choix est facile car je m'aligne uniquement à ce qui me fait vibrer. Ce qui est difficile, c'est de gérer mon humain qui, lui, veut tout diriger. Il ne peut s'en empêcher. Il veut planifier le quand et le comment, et cela ne fonctionne pas. Non seulement à cause de l'énergie du moment, mais aussi parce que, lorsque je suis dans mon mode « contrôle », je retombe dans le linéaire et je n'ai plus accès à l'information galactique, qui, elle, vibre nettement plus haut. Ce sont ces vibrations que je recherche, et je ne peux pas y accéder si mon humain prend les rênes. Dès que mon humain est au volant, ils me laissent faire jusqu'à ce que je bloque, car, bien évidemment, lorsque je n'avance plus c'est que je suis sortie de mon alignement. Oh, parfois, cela dure des jours entiers ou alors tout simplement des heures. La balle, comme d'habitude, est dans mon camp.

Il arrive que le cours que je crée me demande de travailler sur moi-même avant de pouvoir accéder au contenu *high vibe*. Il s'agit peut-être de faire face à certaines peurs, à un manque de confiance en moi ou alors à des croyances limitantes qui bloquent ce qu'ils essaient de me transmettre. Dans ce cas, je dois accomplir le travail vibratoire nécessaire afin de m'aligner sur les fréquences de ce que je souhaite enseigner. Ils m'épauleront alors énergétiquement, me soutiendront avec amour et sans jugement, mais c'est à moi de faire le « travail ». Ils ne le font JAMAIS à ma place. Lorsque je lutte avec moi-même, car je n'arrive pas à « voir » ce qui se passe en moi ou si mon ego prend le dessus, il arrive qu'ils disparaissent parfois pendant plusieurs jours. Je dois y parvenir par moi-même. Au début, je pensais qu'ils me désertaient jusqu'à ce que je réalise qu'ils m'accordaient le temps qu'il fallait afin que je fasse ce travail intérieur. Contrairement à ce que l'on pourrait penser, ils ne m'expliquent pas ce que je dois faire lorsqu'il s'agit de mon propre parcours. Ils sont là, ils m'observent, ils me laissent m'embourber s'il le faut jusqu'à ce que je prenne conscience des fréquences que j'émets et que je corrige mon niveau vibratoire.

Quand je suis alignée et que l'information arrive, elle découle au fur et à mesure. Cela me fascine toujours, j'ai l'impression d'avancer à l'aveuglette et si, au cas où (parce que l'on ne se sait jamais), mon humain reprend le contrôle, toute fluidité disparaît. Ils m'apprennent déjà à vivre à la cadence des fréquences de la nouvelle Terre et cela me demande de quitter le linéaire et de les rejoindre dans l'espace quantique. Je ne peux pas « penser » ces fréquences, je dois les « ressentir ». Lorsque mon taux vibratoire est suffisamment aligné, alors ils peuvent intervenir aussi pour que je fasse « passer » certains messages. En général, ils me feront ressentir ce que les gens ressentiront à la lecture du cours, à l'écoute de la vidéo, ou encore ils me montreront l'ouverture de cœur qui se produira à l'écoute de la méditation guidée.

Pour les méditations guidées, ils me présentent des visions successives et c'est cela que je dois transcrire. Toute méditation guidée passe par moi, je perçois et je « goûte » aux fréquences qui s'opèrent à travers les mots et les phrases que j'écris. Je sais exactement quel passage active, et si moi aussi j'ai besoin de cette activation je la reçois en temps réel. Tout est toujours parfaitement orchestré. Je vous dis cela comme ça aujourd'hui, or j'ai mis beaucoup de temps à comprendre comment travailler avec eux de façon optimale.

Et puis il y a les activations. Ce sont les Arcturiens qui m'ont initiée à ces transmissions vibratoires que j'ai appelées « activations » tout simplement car les fréquences que j'émets travaillent au niveau cellulaire de ceux qui y participent. Je n'aurais jamais pu imaginer que ces transmissions deviendraient le portail de lumière et d'amour qu'elles sont aujourd'hui. Non seulement les galactiques se pressent à la « porte » pour que je canalise leurs fréquences, mais les maîtres aussi, particulièrement « Jeshua » et « saint Germain ».

Je ne sais jamais en avance quelle va être l'activation de la semaine. L'espace est réservé, « ils » le savent, et c'est lorsque je me connecte le dimanche matin qu'un groupe se manifestera avec des fréquences à transmettre. Je ne choisis pas, j'écoute et je suis ma guidance. En général, je sais tout de suite qui est là, je me connecte, je médite et je télécharge toutes les informations pour la semaine suivante. Je dois ensuite me connecter une seconde fois pour obtenir les détails, et je travaille avec eux afin de mettre en place la musique pour cette activation. Comme tout est une question de fréquence, ils me disent exactement quel morceau choisir.

Les activations peuvent être liées à l'énergie du moment, comme la préparation énergétique en vue d'un portail ou d'un solstice, à une accélération et à une intégration particulière, comme l'activation de notre ADN, ou encore à un apprentissage spécifique, comme un ancrage, un nettoyage ou un rituel énergétique.

Le mardi soir, le moment où les activations ont lieu, ma chambre se remplit de leurs énergies. Parfois, c'est écrasant : non seulement ils sont à côté de moi, mais je vois aussi des vaisseaux tout autour. Mes vibrations se hissent au plus vite et culminent pour atteindre un taux vibratoire optimal, le plus élevé possible, et parfois j'ai l'impression que je vais exploser tant ça vibre fort. Mais j'adore ça, je me sens dans mon élément et je me laisse transporter par ce qu'ils me communiquent.

Ensuite, nous travaillons ensemble pendant l'activation. Comme ces transmissions ne sont pas des soins, je ne « fais » rien, dans le sens où chaque participant accède à l'énergie par lui-même, et cette rencontre vibratoire se joue entre le participant et les galactiques. Bien sûr, l'objectif particulier de l'activation est énoncé et transmis. Depuis quelque temps, j'ai ajouté (à leur demande) une minimédiation afin de faciliter l'accès aux fréquences qui sont transmises, car chacun reçoit ce qu'il peut selon son parcours et son taux vibratoire. Lors de la transmission elle-même, j'observe ce qui se passe et, comme dans un film, je vois tout ce qui se déroule. J'entends, je sens et je perçois ce qui s'écoule collectivement pour le groupe, et si je dois intervenir, c'est uniquement pour donner un coup de pouce, je peux ouvrir des portails et maintenir l'espace quantique, je ne peux pas faire le travail à la place des participants.

Je suis passionnée et fascinée par ces transmissions, car l'effet sur les participants est palpable. Je ne cesse d'être étonnée par les témoignages que je reçois, ils valident la puissance de cette énergie galactique. Entre les ouvertures de cœur, les activations spontanées de dons, les tout premiers ressentis ou les retours à soi après tant d'années, cette énergie que j'aime tant et cet amour qui est présent dans tout ce que les galactiques transmettent ont un pouvoir qui transcende illusions, limites et croyances. Je suis si reconnaissante de pouvoir canaliser cette énergie afin d'accompagner ceux et celles qui souhaitent accélérer leur évolution.

MA VIE DE TOUS LES JOURS

Il y a des jours où je suis exaspérée par les réactions de ma famille qui, elle, est bien ancrée dans la troisième dimension. L'invisible ? « Je ne sais pas si j'y crois », me dira un jour mon mari. « Ah bon ? », avais-je répondu, surprise. C'était il y a vingt-sept ans et nous n'étions pas encore mariés. À l'époque, je m'étais dit que cela n'avait aucune importance, que c'était juste une question de croyances, mais j'étais loin, si loin d'imaginer que ma vie allait prendre un tournant vers l'invisible !

Vingt-six ans plus tard, mariée et maman d'une jeune fille de vingt ans, j'ai la chance d'avoir le soutien de ceux qui m'aiment et que je rends dingues. Cela dit, ils me rendent aussi folle avec leurs croyances limitantes et leurs taux vibratoires qui parfois me « plombent ». Je les aime plus que tout, mais passer d'une réalité à une autre plusieurs fois par jour, c'est comme monter et descendre l'escalier d'une grande maison, c'est fatigant ! Alors, bien sûr, il y a deux perspectives, la mienne et la leur.

Selon eux, j'ai besoin d'aller chez un ORL car je n'entends rien. Certes, je leur demande toujours de répéter ce qu'ils me disent, donc je comprends que cela les inquiète. J'avoue qu'à un moment donné je me suis posé la même question : comment se fait-il que je ne retienne pas leurs phrases ? Oh, j'entends, mais je ne comprends pas. Un jour, j'ai compris ce qui se passait : je ne suis pas présente à ce qu'ils me disent. C'est simple, je travaille de la maison, je canalise la plupart du temps, et donc lorsqu'ils me parlent ma conscience est déjà en pleine expansion, ce qui m'empêche de retenir l'information qui m'est communiquée.

De ce fait, j'oublie tout. C'est vrai, je ne sais pas comment leur expliquer que je n'arrive pas à me souvenir de la conversation que nous avons eue il y a trois jours, que je suis incapable de faire les courses sans omettre quelque chose, même avec une liste, et que je ne sais plus où je range les choses. Étant donné que je suis plus du genre « bordélique », impossible de retrouver ce que j'ai si bien « rangé ». L'année dernière, j'ai eu des sueurs froides car je ne savais plus où j'avais mis les cadeaux de Noël ! Heureusement que mon mari a une patience d'ange et un côté pratique. Dorénavant, tout ce qu'il me demande, il me l'envoie aussi par SMS. Ensuite, il enverra un SMS à notre fille : « Peux-tu rappeler à maman d'acheter ceci ou cela, au cas où elle oublie ? »

Ce qui les dérange particulièrement, ce sont mes changements de plans à la dernière minute. Eh oui, je me laisse guider par l'énergie qui m'habite et, alors là, c'est toujours difficile de leur annoncer que je n'ai plus envie de faire, de manger ou de planifier ceci ou cela. « Mais, maman, la semaine dernière tu avais dit qu'on ferait ceci et aujourd'hui tu nous dis autre chose ? » Aïe ! Cela arrive tellement souvent que je les rends fous. Ils ne comprennent plus, comment leur expliquer que je prends l'escalier plusieurs fois par jour pour redescendre dans leur réalité mais que j'habite déjà à l'étage supérieur ?

Un soir, alors que je me préparais pour une activation, je sors de mon bureau pour aller chercher une bougie, je passe devant la cuisine et je les entends chuchoter. J'ouvre la porte et je leur demande : « Mais pourquoi est-ce que vous chuchotez ? » Ils éclatent de rire et ma fille répond : « Maman, si on fait du bruit on se fait engueuler, pas vrai papa ? » Il me regarde les yeux rieurs et déclare : « Tout à fait, le mardi soir on ne peut rien faire. » Je n'ai pas pu m'empêcher de rire avec eux, car je sais qu'ils ont raison. Je m'enferme dans mon bureau deux heures avant les activations et ils ont interdiction d'entrer, de me demander quoi que ce soit, je me prépare.

Est-ce facile tous les jours ? Non. Heureusement que nous avons tous les trois un bon sens de l'humour, car cette cohabitation vibratoire a ses défis, elle requiert une adaptation énergétique énorme et un respect mutuel constant, or c'est aussi le flux qui me permet d'évoluer avec un tempo accéléré vers une ouverture de cœur que je n'aurais jamais pu concevoir. Je peux canaliser avec aisance, vous parler de fréquences, d'amour inconditionnel, vous emmener en cinquième dimension afin que vous ressentiez ces hautes vibrations, mais mon apprentissage, le vrai, c'est de mettre en pratique ce que j'enseigne, et si je ne peux pas aimer deux êtres non éveillés inconditionnellement sans vouloir les changer, les fixer, alors j'échoue dans ce rôle que je suis venue jouer.

Et c'est à cela que j'aspire : à l'incarnation de ces fréquences christiques et à leur « mise en pratique » dans la matière. Ce sont mon mari et ma fille qui me tiennent en haleine chaque jour, qui m'activent et me montrent encore le chemin à parcourir en activant continuellement la densité et le jugement qui m'habitent encore.

Cela dit, sur un plan élevé, je suis consciente de nos rôles respectifs, des contrats que nous avons conclus et qui nous unissent. Et puis les galactiques me donnent des coups de pouce, de temps à autre. Mon mari s'est matérialisé plusieurs fois en tant que galactique devant mes yeux. Un jour, alors que nous sommes en voiture et qu'il conduit, je le regarde et je vois un magnifique galactique en uniforme. Je ressens immédiatement sa signature vibratoire et j'ai envie de crier, de lui dire de se réveiller tant je suis excitée.

Lorsque je les regarde tous les deux, éveillés ou pas, je vois leur âme, leur cœur. Leur lumière brille, elle est magnifique. Je me suis si souvent demandé comment des êtres avec un cœur si grand dont la beauté me fait rougir pouvaient ne pas être éveillés, enfin ce n'est pas possible !

Et pourtant si, ils dorment… debout… à cœur ouvert.

OCTOBRE 2021

Il est minuit et demi et je viens de me coucher. Bercée par une lumière intérieure douce, je pense à cette page, celle que je compte écrire demain pour clôturer ces partages. Mon esprit s'apprête à décoller vers des dimensions plus élevées quand ma tête est secouée par un flash de lumière qui me fait sursauter.

Les Pléiadiens.

Ils sont là. Ils m'observent. Ils m'entourent. Je le sais.

La lumière s'intensifie, mon corps devient lumière. Une immense colonne me traverse. Elle passe par mon chakra couronne et descend, activant mes cellules une à une.

Et puis un autre flash me secoue, je sursaute à nouveau.

Je vois un visage. Je le reconnais. Il m'est si familier.

Ces fréquences sont uniques à ce petit groupe.

Je reconnais la signature vibratoire de ma famille.

Ils sont revenus.

Cela fait dix ans que je les attends.

C'est un feeling que je ne saurais décrire tant je suis émue.

Je m'attarde dans ces fréquences.

« Vous êtes revenus… »

Les mots me manquent, ma conscience s'élève pour les rejoindre. Je n'ai plus peur et à ma grande surprise je ne suis pas non plus déboussolée par ces fréquences. Pourtant, elles sont intenses, plus lumineuses, mes oreilles me font mal tant la pression monte. L'image de ma famille galactique s'estompe doucement et je m'endors le sourire aux lèvres.

Je suis à un tournant et ils m'attendent.

REMERCIEMENTS

C'est avec émerveillement que je contemple la co-création de ce livre et la façon dont il a vu le jour. Je tiens à rendre hommage à tous ceux qui m'ont aidé, activé et soutenu durant son écriture.

À ma chère famille des étoiles. Je n'ai pas les mots adéquats pour exprimer ce que je ressens. C'est avec une immense gratitude que je vous remercie de m'avoir poussé à revisiter ces moments intimes afin de les partager avec tous ceux qui cherchent encore.

Aux arcturiens, merci pour votre guidance et pour cet amour inconditionnel qui émane de vous lors de nos rencontres. Merci de m'avoir conduite à cette ouverture de cœur afin que j'y puise ce qui devait être transmis.

À Jens, mon mari. C'est avec beaucoup de tendresse que je t'adresse ces quelques mots.

Bien que tu ne lises jamais ce livre car il dépasse tout ce que tu peux imaginer, tu m'as incité à l'écrire et tu as cru en moi. Par ta présence et tes conseils tu m'as aidé à prendre en compte mes failles et aussi tu m'as inspiré, tu m'as poussé à grandir. Je te remercie de tout cœur pour tout ce que tu es.

À Léa, ma fille. Personne n'a osé, à part toi, me dire que je devais « essayer d'être moi-même ». Cette phrase que tu as prononcée il y a maintenant douze ans ne m'a jamais quittée. C'est avec un amour immense que je te remercie de m'avoir m'épaulé durant l'écriture de ce livre car ta présence était le rappel constant de ce qui tenait à s'exprimer.

À Sandrine Navarro, mon éditrice, avec qui j'ai eu le privilège de travailler. Merci pour ta confiance, ton soutien sans faille et ton écoute. Et surtout, merci d'avoir suggéré l'écriture de ce livre et d'avoir cru en moi.

À Viki, merci de tout cœur pour ton amitié, pour tes encouragements et pour m'avoir secouée le jour où j'allais céder à mes peurs et à mes doutes.

À Martine de ma famille d'âme, je te remercie de tout cœur de ta douce présence et de m'avoir aidé à traverser les défis que j'ai rencontrés lors de l'écriture de ce livre.

DANS LA MÊME COLLECTION

Dr ÉRIC DUDOIT
CHEMINEMENT D'UN PASSEUR D'ÂMES
Le témoignage d'un docteur en psychologie en soins palliatifs
LEDUC ESO

DÉCOUVREZ ÉGALEMENT
NOTRE COLLECTION POCHE

Anne Givaudan
Voyager
entre les mondes
Mes expériences de voyage astral
LEDUC
poche

Cet ouvrage est composé de matériaux issus de forêts bien gérées certifiées FSC®, de matériaux recyclés et de matériaux issus d'autres sources contrôlées.

Le Forest Stewardship Council® est une organisation internationale non gouvernementale qui encourage une gestion écologiquement adaptée, socialement bénéfique et économiquement viable des forêts de la planète.
Pour en savoir plus, consultez le site *www.fsc.org*

FSC www.fsc.org MIXTE Papier issu de sources responsables FSC® C022829

Achevé d'imprimer en janvier 2022
sur les presses de la Nouvelle Imprimerie Laballery
58500 Clamecy
Dépôt légal : février 2022
N° d'impression : 111381

Imprimé en France

La Nouvelle Imprimerie Laballery est titulaire de
la marque Imprim'Vert®